VON GLOEDEN
FOTOGRAFIE

Capolavori dalle collezioni Alinari

ALINARI

VON GLOEDEN
F O T O G R A F I E
Capolavori dalle collezioni Alinari

Coordinamento scientifico
Monica Maffioli

Responsabile editoriale
Giovanna Naldi

Redazione del catalogo
Maria Possenti

Progetto grafico
Nina Peci - Media Studio, Fi

Stampa
Litoprint, Genova

Un particolare ringraziamento viene rivolto al Prof. Michele Falzone del Barbarò e al Dr. Ulrich Pohlmann per la loro collaborazione scientifica.

Tutte le fotografie provengono dal Museo di Storia della Fotografia Fratelli Alinari – archivio von Gloeden, Firenze.

Largo Alinari, 15 Firenze
http://www.alinari.com
e-mail: editorial@alinari.it

ISBN 88-7292-337-9

VON GLOEDEN
FOTOGRAFIE

Capolavori dalle collezioni Alinari

L'innocenza di Eros e di Dioniso

Charles-Henri Favrod

Nato il 16 settembre 1856 nel castello di Volkshagen, presso Wismar sul Mar Baltico, nel Macleburgo, il barone Wilhelm von Gloeden cresce in un'atmosfera aristocratica, allevato dalla madre, vedova di Wilhelm von Raab, ben presto vedova anche del barone Erminio von Gloeden e divenuta, grazie ad un terzo matrimonio, moglie del barone von Hammerstein, parente dell'imperatore Gugliemo II. Il patrigno manifesta un grande affetto per il ragazzo, veglia sui suoi studi e lo fa entrare all'Accademia di Weimar, dove Wilhelm von Gloeden si entusiasma per le belle arti e la musica. Frequenta anche la Musikschule e la Società Goethe-Schiller per completare la propria formazione classica. In occasione di un viaggio a Berlino nel 1876, incontra il pittore Ottone Geleng, che si era stabilito da più di venti anni a Taormina e che ne vanta i meriti, in particolare il clima. Von Gloeden soffre all'epoca di un inizio di tubercolosi, Goethe gli ha insegnato che "la Sicilia è la chiave di tutto", i quadri e le descrizioni di Geleng lo convincono che è venuto il momento del *Grand Tour*.

Stabilitosi all'inizio all'hotel Vittoria e deciso a non lasciare Taormina, Wilhelm von Gloeden si reca spesso a Roma, Capri e Napoli, dove incontra nel 1878 il cugino Wilhelm (Guglielmino) Plüschow, già allora fotografo attivo. Questi gli suggerisce per primo l'idea di diventare fotografo. All'epoca egli è più curioso di pittura e se ne diletta con scarso successo. Bisogna senz'altro dare maggiore importanza al suo successivo incontro con Francesco Paolo Michetti con la sua volontà di celebrare con la fotografia la tradizione classica mediterranea, sia greca che latina. Con l'aiuto di un fotografo taorminese, Giovanni Crupi, apprende a partire dal 1880, l'uso degli apparecchi e dei prodotti. Si dedica ai paesaggi e ai ritratti pittoreschi delle persone che frequenta.

Sistematosi all'inizio in una villetta in via Teatro Greco, von Gloeden più tardi acquista una casa più grande in piazza San Domenico, dove finalmente ha il posto per collocare il proprio laboratorio. Pancrazio Bucini, detto "il Moro", entra al suo servizio come tuttofare e soprattutto come aiuto della sorellastra Sophie Raab, che è riuscito a convincere a raggiungerlo a Taormina per dirigere la casa. Il Moro deve anche fare da assistente del fotografo, presto raggiunto da Gaetano D'Agata, Francesco Galifi e dallo stesso Giovanni Crupi.

All'inizio del secolo la situazione finanziaria di von Gloeden cambia brutalmente e profondamente. Il patrigno Hammerstein è accusato di aver divulgato uno scandalo omosessuale berlinese che compromette perfino l'imperatore ed è condannato per questo fatto al sequestro dei propri beni e al carcere. Da un giorno all'altro le risorse finanziarie svaniscono. Un vecchio compagno, l'arciduca di Macleburgo, gli porta un po' di aiuto e soprattutto lo consiglia: mettere in commercio le foto siciliane attraverso la società Adolph Engel, Vereinigte Photolithographische und Papier Waren, esperta in zincotipia e che riesce a moltiplicare le copie in forma di cartoline postali a tirature commerciali, come facevano anche Rommler & Jones a Dresda e Trinkler a Lipsia. Infatti all'epoca si ha una sempre maggiore richiesta di immagini e soprattutto immagini dell'Italia.

Von Gloeden pubblica a partire dal 1905 vedute di paesaggi, di monumenti, di contadini e contadine in costume tradizionale; ben presto comincia a vendere anche dei nudi maschili. Non aveva atteso l'inizio del secolo per far conoscere questo lavoro, nel 1893 aveva inviato delle immagini arcadiche all'Esposizione della Photographic Society britannica. Una medaglia d'oro era stata la ricompensa e la rivista *The Studio* aveva pubblicato molte foto che erano state viste da Oscar Wilde prima che gli facesse visita a Taormina, nel dicembre 1897, come tanti altri quali Matilde Serao, Triphosa Bates-Batcheller, Eleonora Duse, Gabriele D'Annunzio, il principe Augusto di Prussia, il re Edoardo VII, il re del Siam, Krupp, Morgan, Rotschild, Vanderbilt, tutti coloro che hanno visto e ammirato i suoi album, firmato il suo "libro d'oro", tutti coloro che sono stati sedotti dall'arredamento della sua casa e dall'ambientazione tropicale del suo giardino.

Era l'epoca del simbolismo decadente. Von Gloeden è piuttosto il campione del ritorno al classicismo degli antichi. Anatole France l'aveva già compreso al momento della visita che gli fece nel 1908. Gli scrisse una lettera piena di ammirazione:" Da tempo ammiro queste fotografie piene di si grande stile, giacchè in esse fate rivivere e sognare la Sicilia pastorale. Qualche anno addietro il celebre editore parigino Edoardo Pelletan si ripromise di stampare una nuova edizione delle opere di Teocrito. Raccolsi allora una gran quantità di vostre fotografie per illustrare degnamente l'opera del grande poeta siciliano. Il progetto non fu poi realizzato ma io mi riprometto, se lo consentite, di associare, un giorno, le vostre belle fotografie a qualche lavoro letterario dagli identici puri sentimenti poetici."

Da segnalare che il 29 dicembre di quello stesso anno 1908, un terribile sisma scosse la costa calabra e siciliana. Von Gloeden si reca subito sul luogo e realizza delle immagini molto forti delle rovine, pubblicate nel 1909 dalla Società Fotografica Italiana di Firenze: "*Messina e Reggio dopo il terremoto*". Immagini che riflettono il lavoro di un fotografo professionista che non disdegna né il reportage né il documento storico. Vero è che Wilhelm von Gloeden si colloca nella "Penisola ermafrodita", come l'ha così ben definita Carlo Bertelli e che Italo Mussa oppose giustamente alla colonia anarchica e libertaria praticante del nudismo e delle filosofie esoteriche, del "Monte Verità" ad Ascona." In Ticino, si cercava una verità filosofica nella bellezza insolita, bizzarra e decadente. Mentre nella penisola, la verità nella bellezza efebica s'era ormai rivelata attraverso il bello ideale della pittura e scultura greco-romane, ma era ancora visibile nei giovani del Sud. D'altronde non erano proprio questi che i turisti, intellettuali diversi e *nouveaux riches*, venivano qui a cercare?"

Tutta l'opera di von Gloeden testimonia questa fedeltà alla luce della grande Grecia, alle scene pastorali, delle egloghe, a quell'effusione amorosa e mitologica, a quell'innocente bellezza del corpo, a quell'esaltazione della scultura e della pittura che spinge anche von Gloeden a ricostruire il celebre studio di Ippolito Flandrin nel suo *Caino*, nel 1912. La maniera di disporre i modelli è sempre classica, in senso talvolta accademico, ma l'effetto della chiarità e dell'ambiente naturale viene giocato così bene che si dimentica questo riferimento per essere soprattutto sensibile all'effervescenza della carne nella bellezza della natura. È l'esaltazione del Mediterraneo eterno.

Italo Mussa, a proposito di von Gloeden, ha molto a proposito citato Proust: "In un celebre passo della Prigioniera, troviamo un desiderio di formare un discorso amoroso. Quella che si prende in presenza dell'essere amato non è che una lastra negativa. La si sviluppa più tardi, ritornati a casa, quando si è ritrovata a propria disposizione quella camera oscura interiore il cui ingresso è vietato finchè c'è gente". E Italo Mussa commenta superbamente - e lo cito perchè sono completamente d'accordo con il suo sentire: " In effetti lo sguardo fotografico di Von Gloeden procede oltre l'evocazione, spaziando in quella mitica lontananza pagana resa fisicamente presente dal prolungamento della memoria. La messa in scena si compie nel momento in cui il modello è uscito dal presente, che ignora o forse non conosce neppure. Quando il bello dello spazio *en plein air* lo svela nella luce sapientemente dosata e avvolgente, la bellezza espressiva del suo corpo nudo sfuma in un imprendibile desiderio erotico, sublimato mediante un possesso estetico. Anche per von Gloeden la verità fotografica sostituisce la realtà quotidiana, per cui le sue scene arcadiche esibiscono equilibrate inquadrature mobili, in cui le azioni dei corpi nudi appaiono più accennate che agite. In esse non troviamo aneddotiche citazioni iconografiche, ma la presenza dell'assoluto proprio del classicismo arcaico. Il loro splendore sta proprio nella rappresentazione che viene celata. Del resto la tecnica fotografica di von Gloeden è in realtà la sua personalità, il suo ideale espressivo, il suo nascondimento e travestimento. "Von Gloeden d'altra parte si è lui stesso espresso in modo limpido:" Se i mezzi tecnici per produrre opere d'arte non mancano oggi in fotografia, bisogna però che tali mezzi siano studiati come si fa nella pittura. Se ancora oggi opinioni diverse si contendono il campo è perché non pochi, nell'applicazione dei mezzi tecnici, sono portati a esagerazioni che non possono essere approvate. I formati giapponesi più strani, l'imitazione di pitture antiche e moderne, gli ingrandimenti confusi ricavati da piccole negative, la grana eccessiva e numerosi altri artifici cui oggi in fotografia si ricorre possono valere a sorprendere l'occhio, ma nulla possono creare. Io non ho mai creduto necessario che la fotografia per elevarsi debba rinnegare la sua origine. Essa non ha bisogno di abbassarsi a ciò per dar modo a chi ha temperamento artistico di far rivivere nell'opera fotografica i sentimenti che egli provò davanti alla natura."

Quello di von Gloeden è dunque uno stile molto semplice. Se talvolta si è concesso degli artifici di stampo simbolista e preraffaellita, è poi subito ritornato al rigore classico, raggiungendo in tal modo una modernità che ancora oggi stupisce. Sul suo primo periodo così si è espresso:" Il grande artista sen. Francesco Paolo Michetti al quale presentai a Francavilla a Mare i miei primi modesti lavori fotografici, m'incoraggiò colla sua viva approvazione a continuare nella difficile impresa. Accolto con la massima ospitalità in casa di questo grande artista e vivendo nell'ambiente artisticamente eletto frequentato da Gabriele D'Annunzio, Matilde Serao, Costantino Barbella, il mio spirito trovò un alimento prezioso. Ma forse l'impressione lasciatami mi portò talvolta involontariamente a imitare il genere di quel grande artista che così mirabilmente consacrò sulla tela la sua terra natia".

Dal 1878 al 1890, von Gloeden è sotto l'influenza degli scritti di Hans von Marées e Adolf von Hildebrand. Egli ammira Michetti, Burne-Jones, Alma-Tadema. Viaggia e scopre le grandi mostre dell'epoca. Vive anche nell'emulazione dei club di amatori e partecipa ai concorsi con successo e senza suscitare scandalo. Dipinge ancora ispirandosi alle fotografie. Ma quando la situazione finanziaria cambia, si rifugia a Taormina di cui scopre ancora meglio la gente e il paesaggio.

Nel suo proselitismo omosessuale, Roger Peyrefitte ha fatto di Wilhelm von Gloeden una specie di animatore di un Club Mediterranée aristocratico e perverso, per non dire un direttore di bordello di maschi a Taormina. Questa versione è falsa e sciocca. Per chi ha fatto lo sforzo di condurre una vera inchiesta, il barone non è mai assurto agli onori della cronaca locale e anzi ha ottenuto l'avallo della parrocchia. Ho personalmente intervistato Silvia Pecaut, la figlia di Salvatore Bambarra, che acquisì la proprietà, dopo la morte di Sophie Raab, il 12 novembre 1930, e del barone, il 16 febbraio 1931. Ho così saputo che von Gloeden, se tutti erano d'accordo a definirlo eccentrico con la sua passione per gli uccelli (corvi, colombi, canarini, pappagalli, usignoli) e per il suo cane a cui aveva insegnato a fare delle scale sul pianoforte, non fu giudicato scandaloso in luoghi in cui per altro molti stranieri sfidavano i buoni costumi.

Vicino del convento di San Domenico dove alloggiavano i suoi ospiti, amico del curato di Castelmola, don Giuseppe Intelisano, il barone non organizzò mai orge, anche se ricevette tutta la *gentry* omosessuale dell'epoca. La sua casa era gestita dalla figlia di primo letto della madre, un'austera zitella del Macleburgo, che non avrebbe tollerato alcun eccesso. A detta dei suoi modelli, non ce ne sono mai stati. Verso il 1950, Manuel Gasser, redattore capo della rivista di Zurigo *Du* ebbe l'eccellente idea di inviare un fotografo a Taormina per realizzare il ritratto di adolescenti divenuti vecchi, il viso devastato, ma tutti padri e nonni. Furono loro a essere stimati, da parte del rappresentante del pubblico ministero del tribunale di Messina, Francesco Panetta, pervertiti a vita dal pornografo tedesco. È il vezzo dei procuratori, anche fossero mediterranei, di dimenticare che la gioventù si prende il proprio piacere senza necessariamente meritare l'Inferno di Dante, e che la sensualità si offre allora per ciò che è in una specie di cinismo tranquillo del desiderio e che infine all'epoca i giovani avevano l'abitudine di stare nudi per i bagni di mare. Nella storia della fotografia è al pittore vittoriano Sir Lawrence Alma-Tadema che si attribuisce la prima immagine di nudo maschile, dei ragazzi di Pompei, già nel 1863. Se ne trovano in seguito, lungo tutta la costa amalfitana, presso i fotografi Bernoud, Rive o Sommer. Vilipeso dopo la morte, von Gloeden aveva traghettato un secolo meno pudibondo. Il Photo Club di Budapest lo celebra nel 1903, la Societè de Photographie di Marsiglia nel 1904. Nel 1905 è incoronato a Nizza e a Riga. Nel 1906 ottiene la medaglia d'oro del Ministero della pubblica Istruzione italiano.

Ma il 29 aprile 1933, l'erede universale di von Gloeden, Pancrazio Bucini, "Il Moro", è oggetto di una perquisizione in seguito alla quale mille negativi e duemila positivi sono distrutti e, secondo il procedimento verbale del pretore di Taormina "trattasi per la maggior parte di uomini completamente nudi e con le parti genitali assai visibili e chiare". Il resto del materiale fu giudicato non pornografico e ne fu autorizzata la vendita.

Tuttavia nel marzo 1939 il procedimento ricomincia. Il maresciallo Salvatore Allegra, dietro denuncia di anonimi, perquisì la casa del Moro al n. 1 di vico Tindorioni alla ricerca di fotografie pornografiche, verbalizzando per l'autorità inquirente che "il materiale sequestrato nella casa del Bucini non era nascosto, era in certe cassette sempre coperte, sparse in vari posti, anche sotto il letto. Chi fosse entrato in quella camera e si fosse avvicinato ai cassetti avrebbe potuto vedere le fotografie. Tutto il materiale era sparso per tutta la camera e fu messo in 22 cassette per comodità e sequestrato". Il Moro venne imputato per violazione dell'articolo 528 del codice penale per aver detenuto e messo in circolazione allo scopo di farne commercio delle fotografie pornografiche. La sua difesa venne assunta dall'avvocato Di Martino di Messina che presentò come principale teste a discarico del suo cliente il pittore taorminese Carlo Siligato, il quale in sede di inchiesta istruttoria sostenne che "i nudi delle fotografie di von Gloeden sono dei lavori artistici. Dei quali mi sono servito anch'io per lavori di posa. È notorio che suddetti lavori sono stati più volte premiati."

Alla vigilia del processo, davanti al tribunale di Messina, nel settembre 1939, Il Moro presentò al procuratore del re un suo memoriale di autodifesa dove illustrava di "gestire a Taormina un piccolo studio fotografico ereditato dall'artista tedesco von Gloeden, presso il quale prestò servizio per circa trenta anni in qualità di aiuto. Faceva parte dell'attività patrimoniale dello studio un ricco assortimento di negativi riproducenti panorami, mezzi nudi e nudi drappeggiati, il tutto di sommo interesse artistico, aveva meritato l'attenzione degli stranieri che affollano ogni anno la bella stagione turistica e anzi qualche soggetto aveva ottenuto in varie esposizioni fotografiche nazionali e internazionali classifiche lusinghiere, premi e diplomi di cui l'esponente è tuttora in possesso". La memoria fa menzione anche del fatto che dei soggetti ritenuti osceni e sequestrati nel 1933 "aveva fama in tutto il mondo di collezione eminentemente artistica, tanto è vero che alcuni ingrandimenti fotografici sono tuttora esposti nei saloni dei più grandi alberghi della stazione."

Il pubblico ministero Francesco Panetta, che nella sua requisitoria aveva chiesto per l'imputato la condanna a sei mesi di reclusione, la pena pecuniaria di duemila lire, più le spese del procedimento e la confisca delle ventidue cassette, impugnò la sentenza in appello con questa motivazione: "L'aver infatti ricercato – sia Gloeden che Bucini – i contadini del territorio e i giovani della città di Taormina forniti dei membri più sviluppati, in modo da ritrarli completamente nudi e allo scopo di far risaltare i loro organi genitali, dimostra che il fotografo non volle compiere un'opera d'arte, ma procurarsi, a scopo di lucro volgare, delle fotografie tendenti unicamente a eccitare la bassa concupiscenza degli stranieri pervertiti e destinati al terzo girone del settimo cerchio dell'Inferno".

Il procuratore non si limita a questo. Ricorre alla perizia del professor Bottari, titolare della cattedra di storia dell'arte medievale e moderna presso l'Università di Catania. E questi conclude, dopo l'esame del materiale confiscato: "Tutte le negative che le positive riproducono, nella maggior parte dei casi, nudi e gruppi di nudi, in prevalenza maschili ed esibenti, alle volte in primo piano e senza alcuna particolare giustificazione il membro virile. L'accennata preferenza non è certo casuale, ma il frutto di un temperamento malato e viziato che si serve di tale mezzo a scopo di oscena eccitazione. L'artisticità di detti nudi consisterebbe nel fatto che essi sono il più delle volte in pose statuarie e ammantati all'antica: il fotografo ha tentato cioè di imitare statue antiche e di rievocare scene classiche. Ma si tratta sempre di una classicità oleografica e di pessimo gusto richiamata come attrattiva sessuale di bassa specie. Quanto sin qui è esposto riguarda il soggetto delle fotografie e se nella fotografia il soggetto è tutto, gran parte del materiale sequestrato – vedremo in seguito la parte che si può escludere dalla caratterizzazione fin qui data – deve considerarsi senz'altro pornografico o comunque osceno e lesivo del pudore."

La meticolosa dimostrazione del professor Bottari non convince il tribunale che il 30 maggio 1941, conclude: "Nel fatto per il quale il Bucini è stato tradotto a giudizio sotto l'imputazione di avere commesso il delitto previsto dall'art. 528 del c.p., il Tribunale non ravvisa gli estremi di detto delitto, perché pur ritenendo che le fotografie sequestrate raffiguranti personaggi nudi, in pose statuarie ammantati all'antica rivelino il vano sfogo dell'artista d'imitare scene classiche e diano invece l'impressione del cattivo gusto dello stesso, sicchè non possono avere alcun valore commerciale, nondimeno non crede che dette fotografie potessero costituire ragione di scandalo e per tale considerazione stima di mandare assolto il Bucini dall'imputazione ascrittagli". Così l'assistente sessantenne del barone si ritrova rilasciato.

Ho ritenuto opportuno citare qualche brano di quel processo fascista e quasi di propaganda demografica perché vi figurano i pregiudizi di cui è vittima la memoria di Wilhelm von Gloeden. Fra molti commentatori tendenziosi e paradossali, Goffredo Parise non ha forse detto nel 1996: "Il suo occhio non era principalmente di fotografo (ce n'erano tanti di quel genere in quegli anni) bensì di omosessuale puro. Di un teorico (e teologo) dell'omosessualità, anzi, per meglio dire, di un naturalista dell'omosessualità, come lo fu il barone Buffon, per gli insetti e le piante"

Io in von Gloeden non vedo un entomologo né un proselito della causa, ma piuttosto un musicista della fotografia come l'ha così ben definito Marina Miraglia:" La formula espressiva, lontana dall'aneddotico di pericolose ricostruzioni storiche, si basa sulla semplificazione dei piani, sulla contrapposizione dei pieni e dei vuoti, sulla varietà *di toni*, delle sue stampe, elementi che tendono quasi a creare un sistema armonico e musicale di rapporti, che tiene conto della tendenza simbolista – e della formazione personale dell'autore – a individuare nella musica, in pieno periodo wagneriano, l'espressione estetica più compiuta e alla cui rarefatta perfezione tutte le parti devono tendere per sublimarsi."

La musica è dionisiaca. Spacciato spesso solo come il dio della vita e dell'ebbrezza, Dioniso è prima di tutto il dio la cui essenza è la trasgressione e la follia. Ma come dice Georges Bataille in *Les larmes d'Eros*, la follia stessa è di essenza divina, cioè rifiuta la regola di una ragione normativa. Abbiamo l'abitudine di associare la religione alla legge. Ma se ci atteniamo a ciò che fonde tutte insieme le religioni, dobbiamo rifiutare questo principio. La religione è senza dubbio essa stessa fondamentalmente sovversiva. Distoglie dall'osservazione della legge, comanda fino all'eccesso il sacrifico, la festa, di cui l'estasi è l'apice. È banale affermare oggi che la religione condanna l'erotismo, quando questo essenzialmente, alle origini, era associato alla vita religiosa. Escludendolo dalla festa e dal rituale, riducendo la religione alla morale utilitaristica, gli uomini hanno pervertito l'erotismo con la colpevolezza. Senza spingere oltre l'analisi, dico che Wilhelm von Gloeden ristabilisce l'innocenza di Eros e di Dioniso. Quello è il suo grande peccato per tutti i pubblici ministeri e singolarmente per il regime fascista che, più di qualunque altro, si inchina alla morale pubblica e demografica, nel nome della famosa formula del Duce. "Soprattutto, innanzitutto, fecondare".

In breve occorre concludere. Aggiungo un'ultima precisazione: la grande villa di von Gloeden, divenuta Casa Bambara, ha perduto il tetto a causa di una bomba inglese della seconda guerra mondiale. Oggi è il commissariato di polizia di Taormina.

Von Gloeden
Fotografie

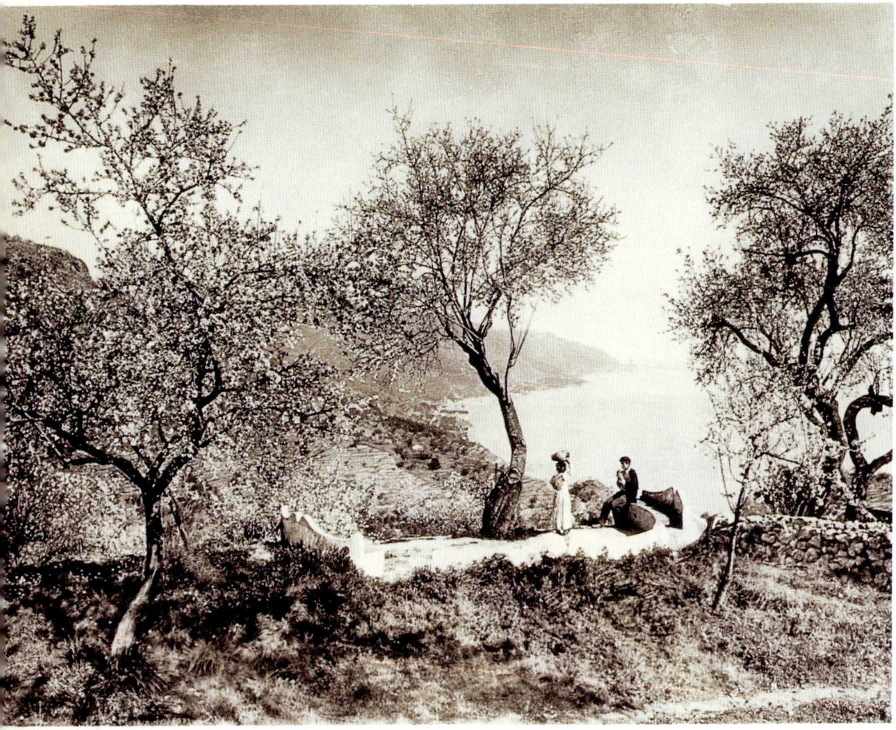

Panorama della costa taorminese, 1900 ca.,
stampa moderna da lastra originale alla gelatina bromuro d'argento, cm. 30x40

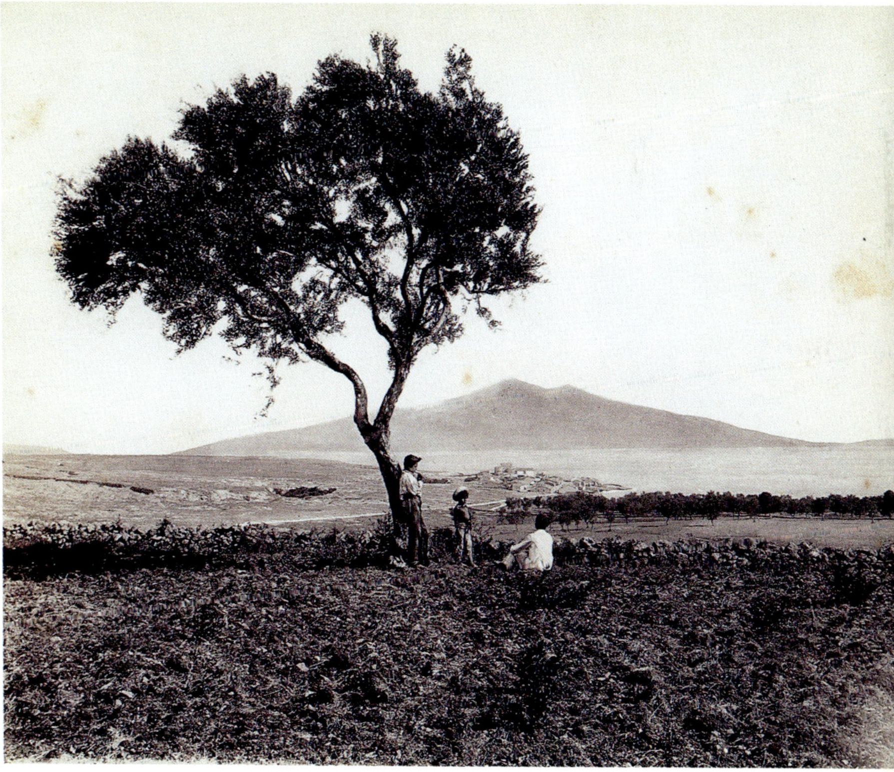

PANORAMA DA AUGUSTA, 1900, stampa originale all'albumina, cm. 16,8x21,8

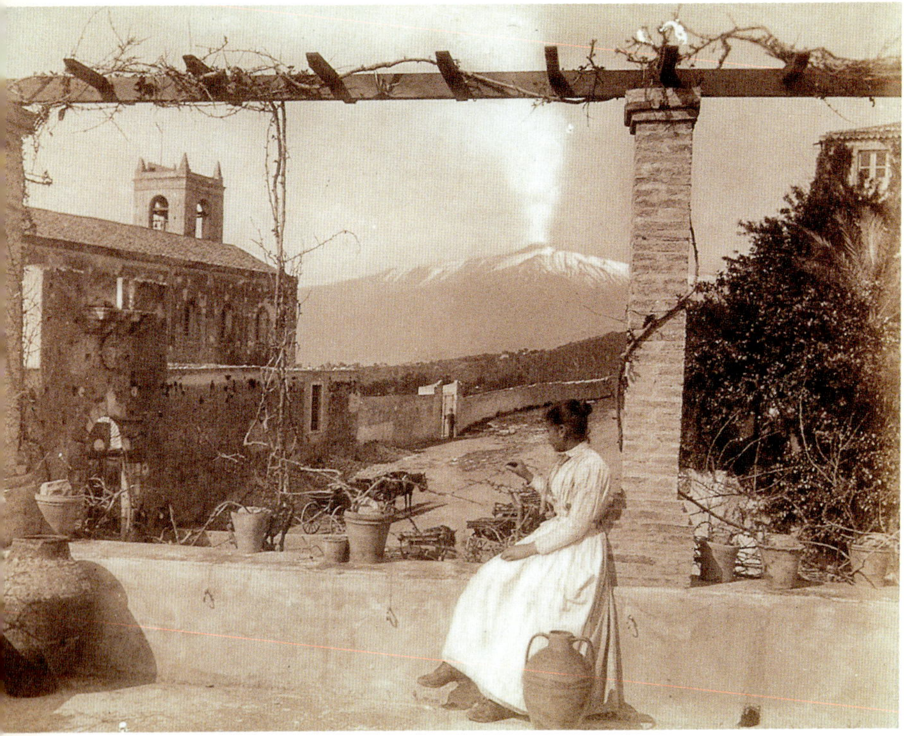

Vicino a S. Domenico. Taormina, 1890 ca.,
stampa originale su carta salata, cm. 16,6x22,3

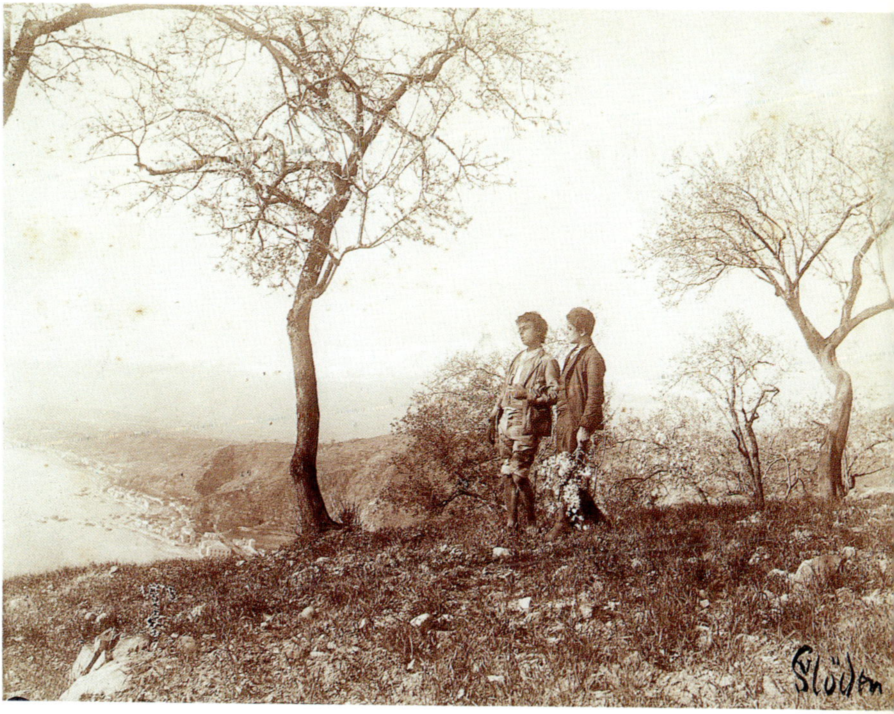

Taormina. Mandorli in fiore, 1890 ca., stampa originale su carta salata, cm. 16,5x23,5

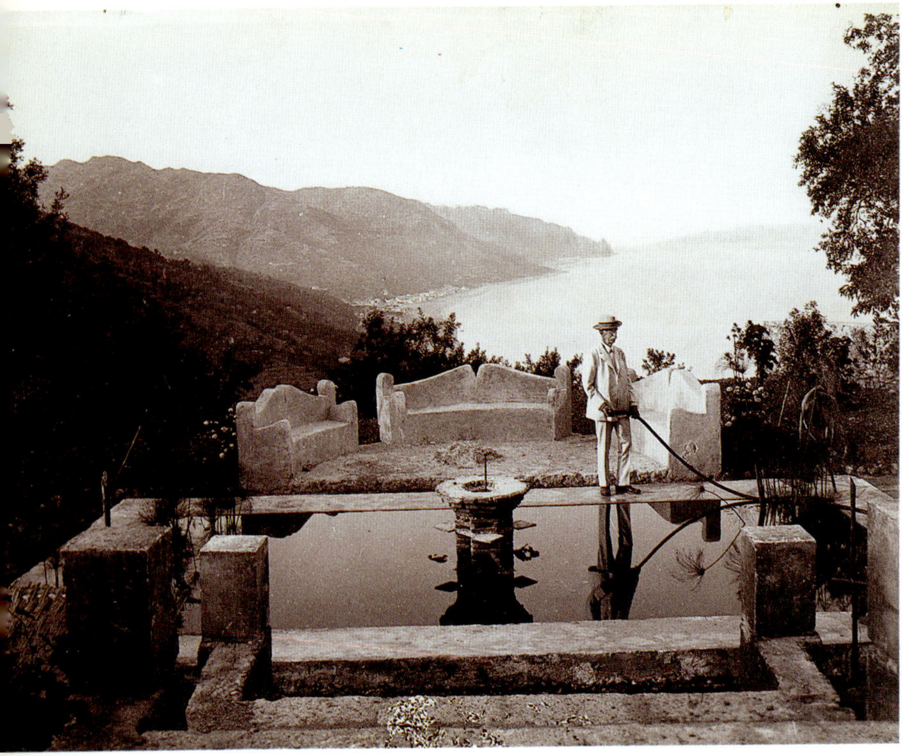

Terrazza con fontana, 1895 ca., stampa originale su carta salata, cm. 16,5x23,5

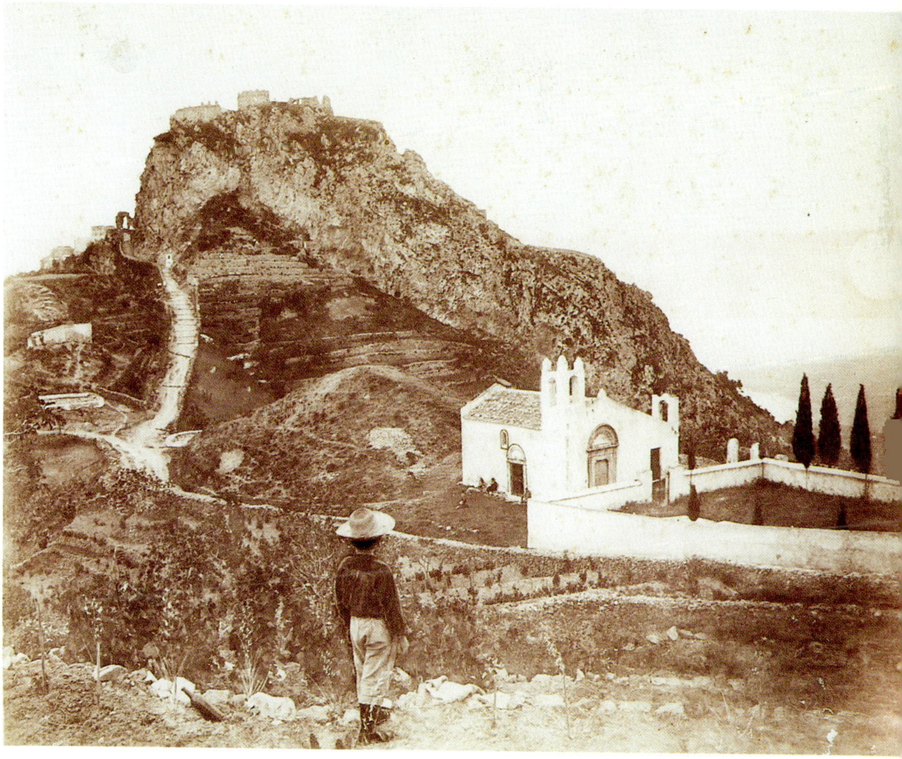

Panorama con chiesa, 1900 ca., stampa originale su carta salata, cm. 17,2x21,7

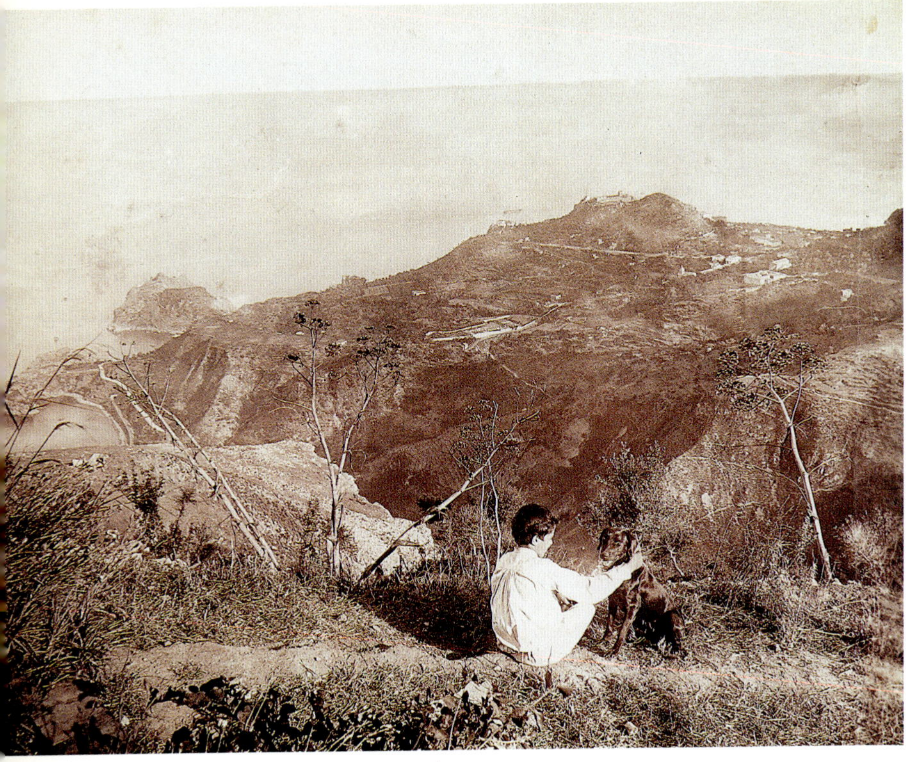

Veduta con bambino e cane, 1900, stampa originale all'albumina, cm. 16,9x22

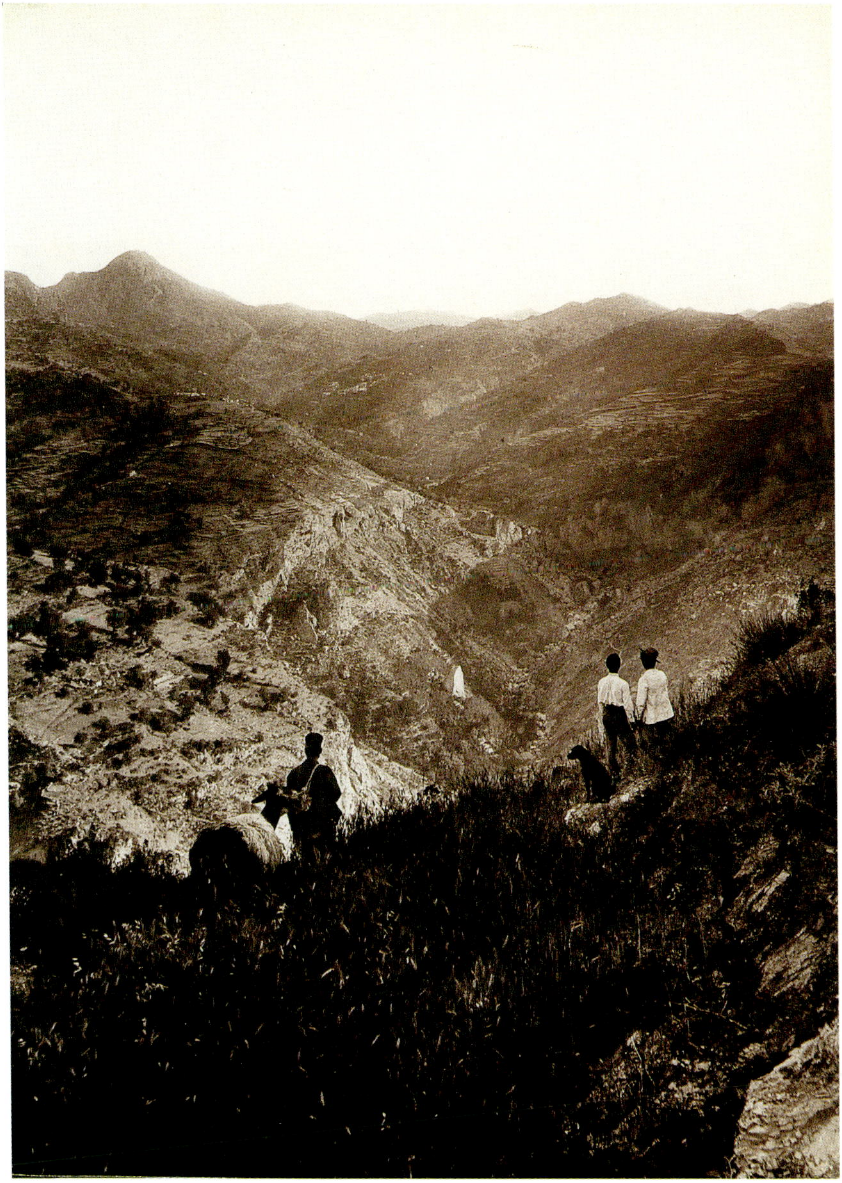

Veduta, stampa originale all'albumina, 1900 ca., cm. 22,5x17

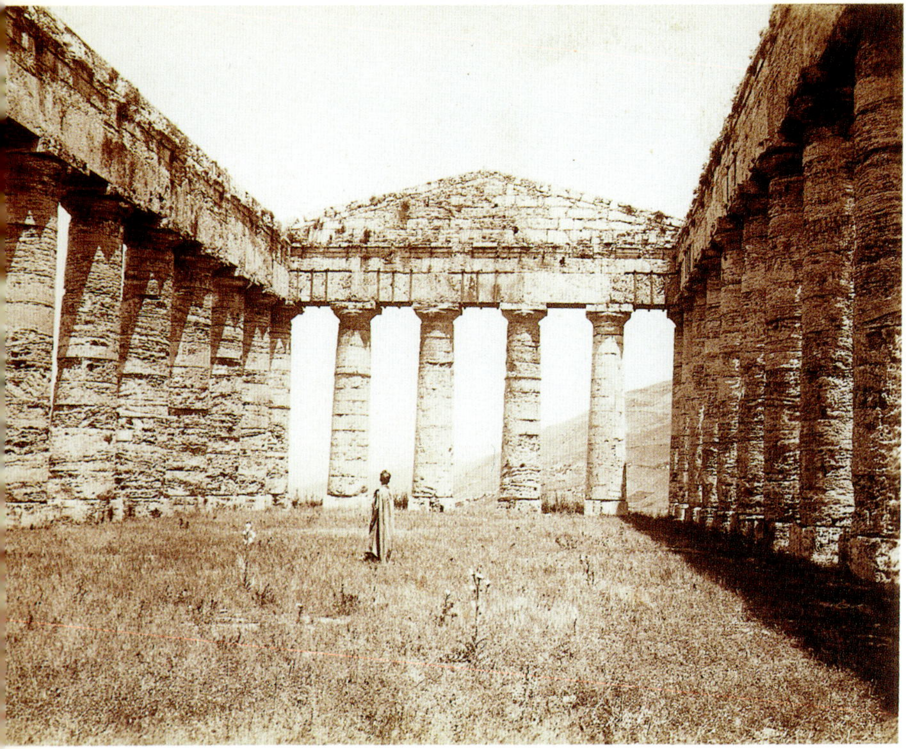

Tempio di Segesta, 1900 ca., stampa originale su carta salata, cm. 16,7x22

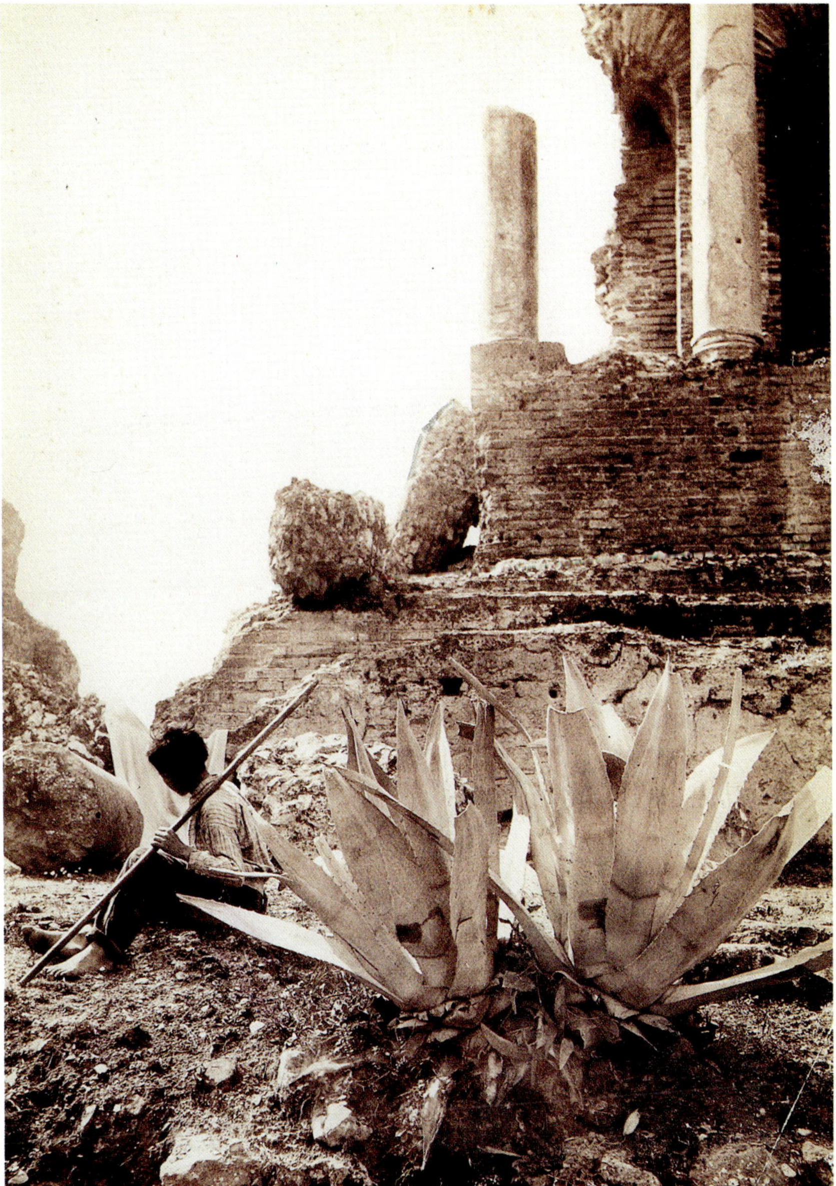

Taormina. Teatro Greco, 1900 ca.,
stampa originale all'albumina, cm. 15,3x11,5

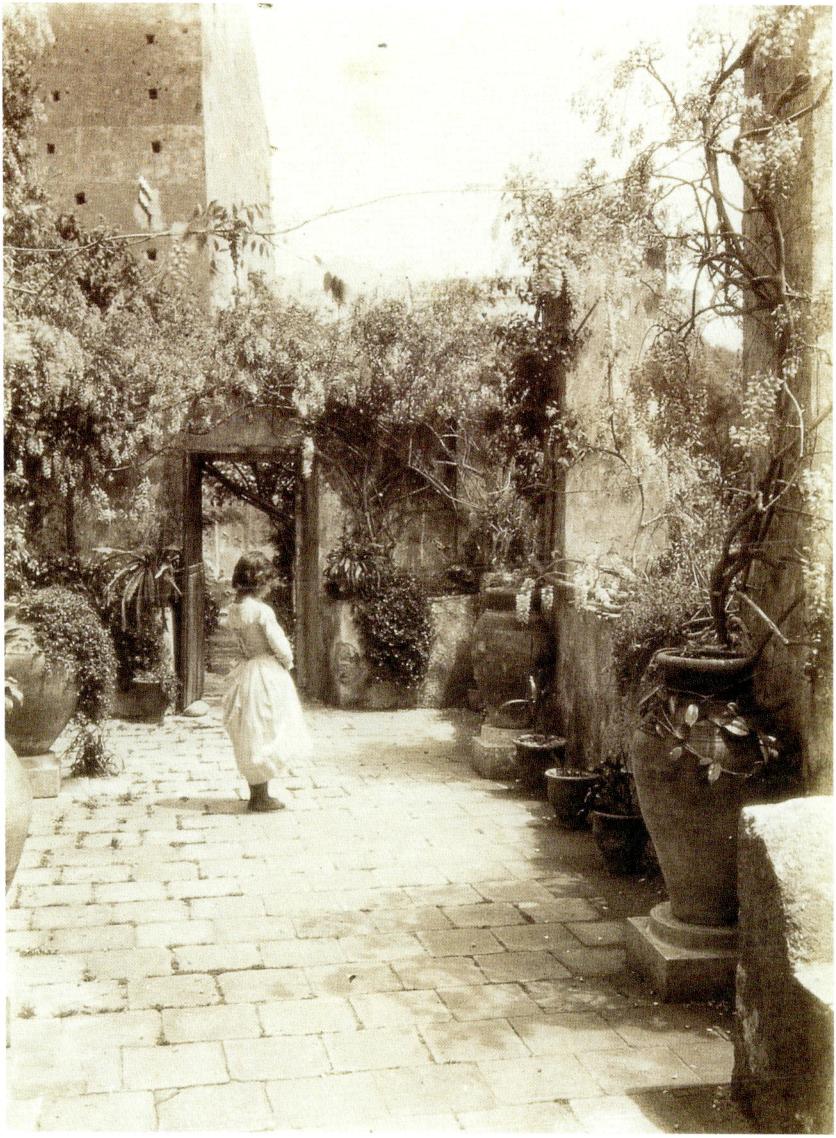

Cortile con bambina, 1890 ca., stampa originale su carta salata, cm. 21x16,5

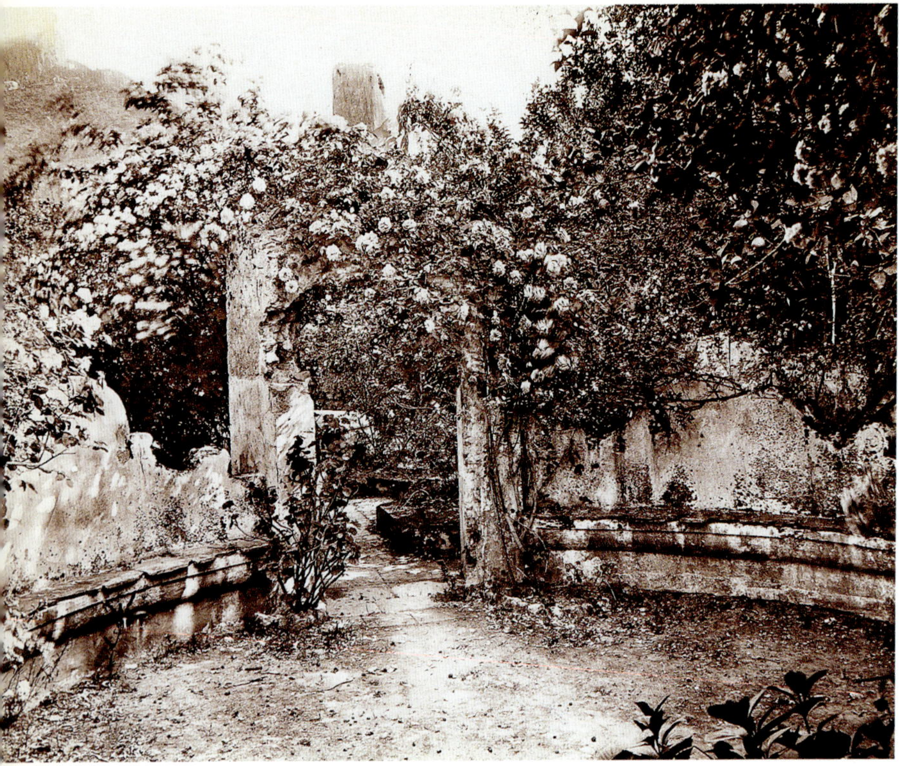

Nel giardino della casa di W. Von Gloeden, 1900 ca.,
stampa originale all'albumina, cm. 22,2x16,8

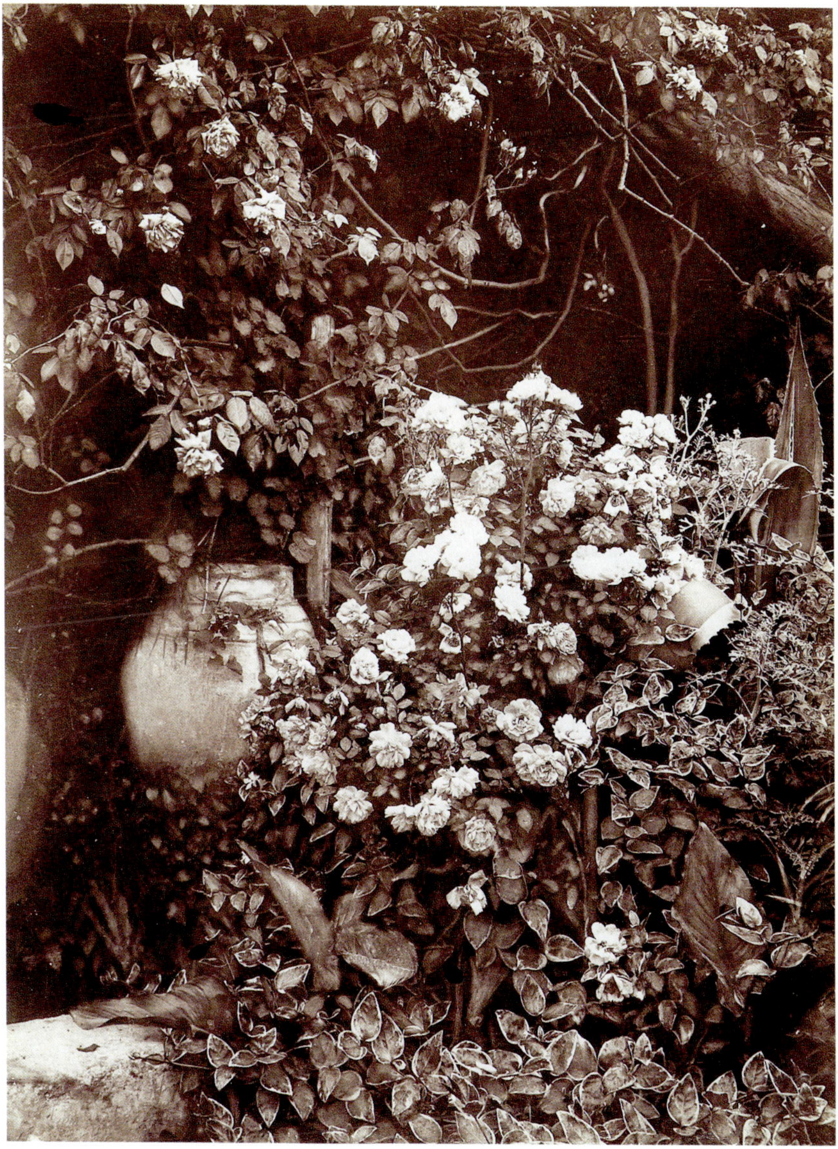

Nel giardino della casa di W. Von Gloeden, 1900 ca.,
stampa originale all'albumina, cm. 22,3x16,9

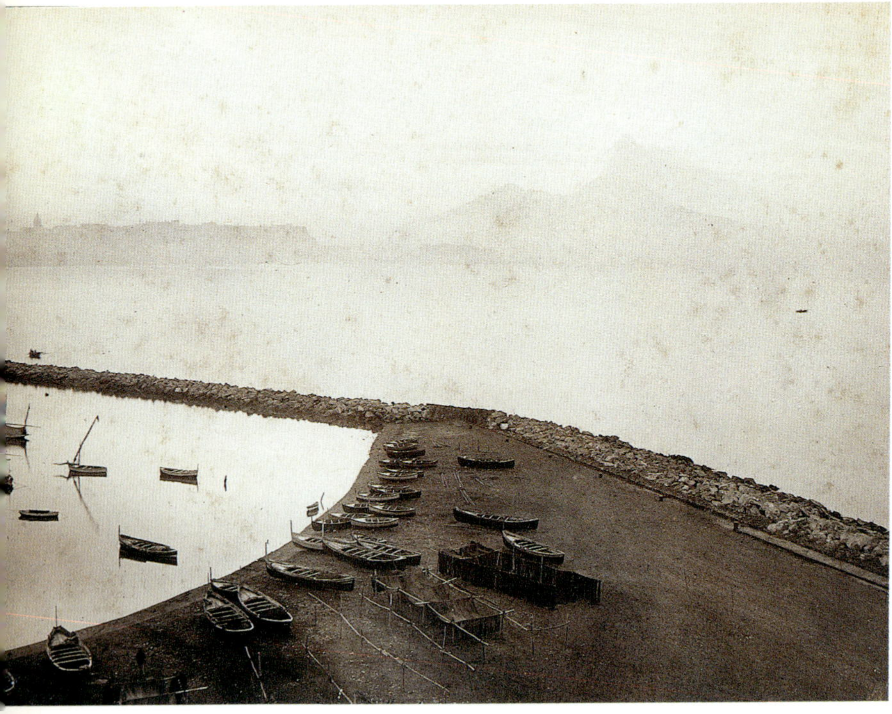

Marina, 1890 ca., stampa originale all'albumina, cm. 12x16,8

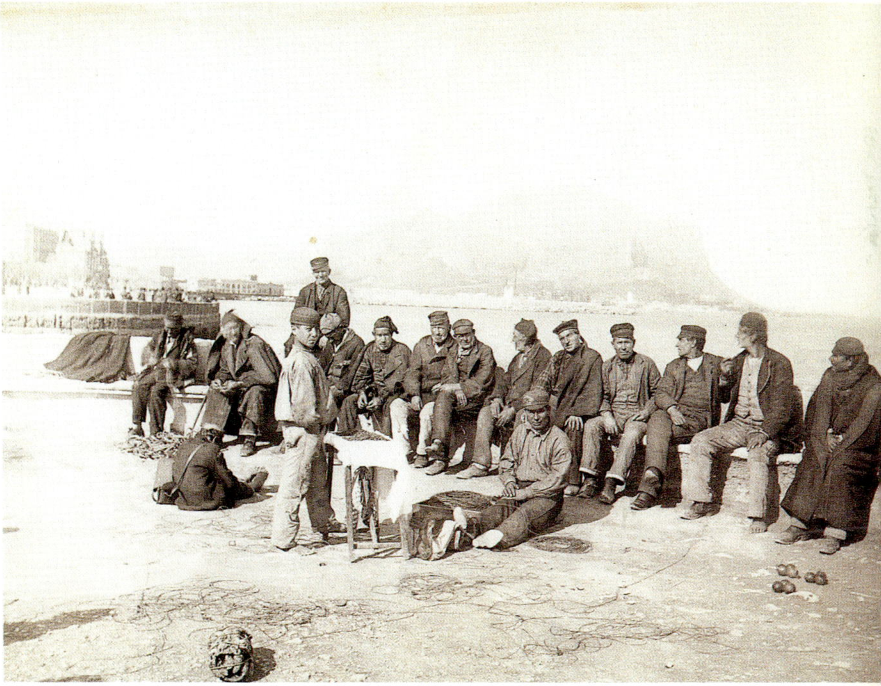

Palermo, 1895 ca., stampa originale all'albumina, cm. 12x16,8

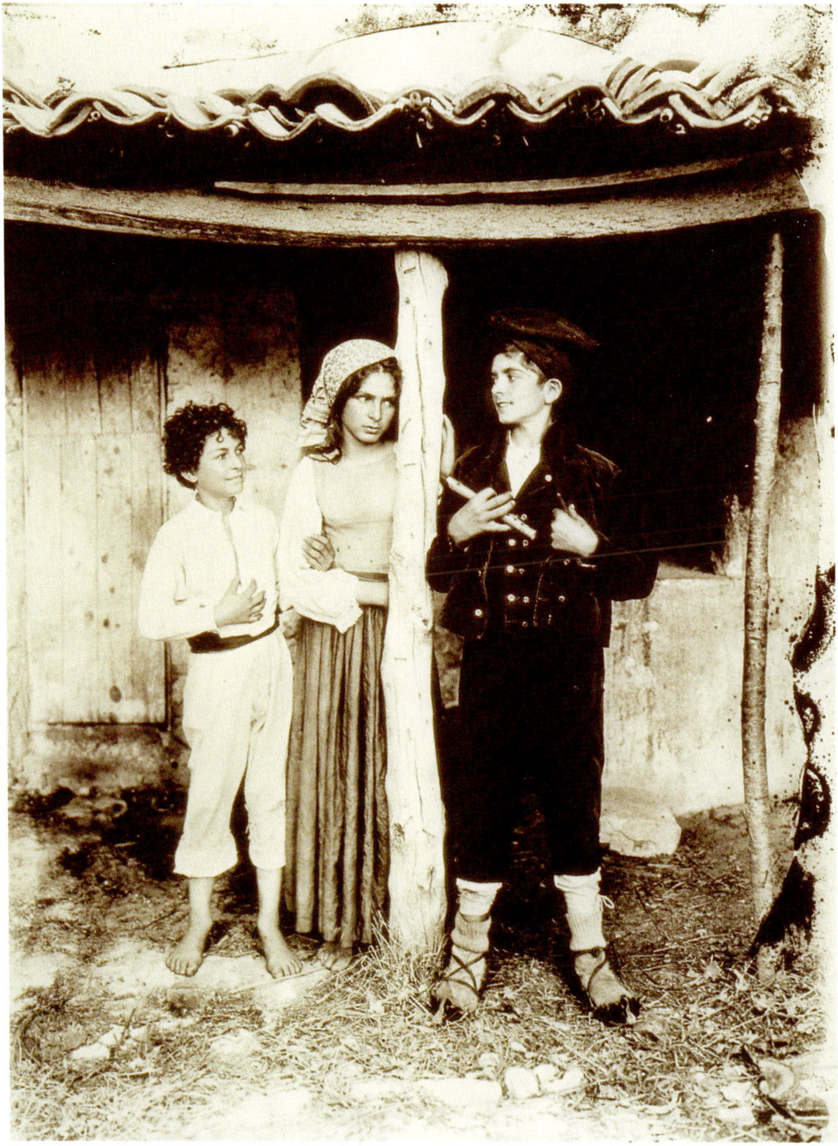

Ragazzi siciliani, 1895 ca.,
stampa moderna da lastra originale alla gelatina bromuro d'argento, cm. 30x40

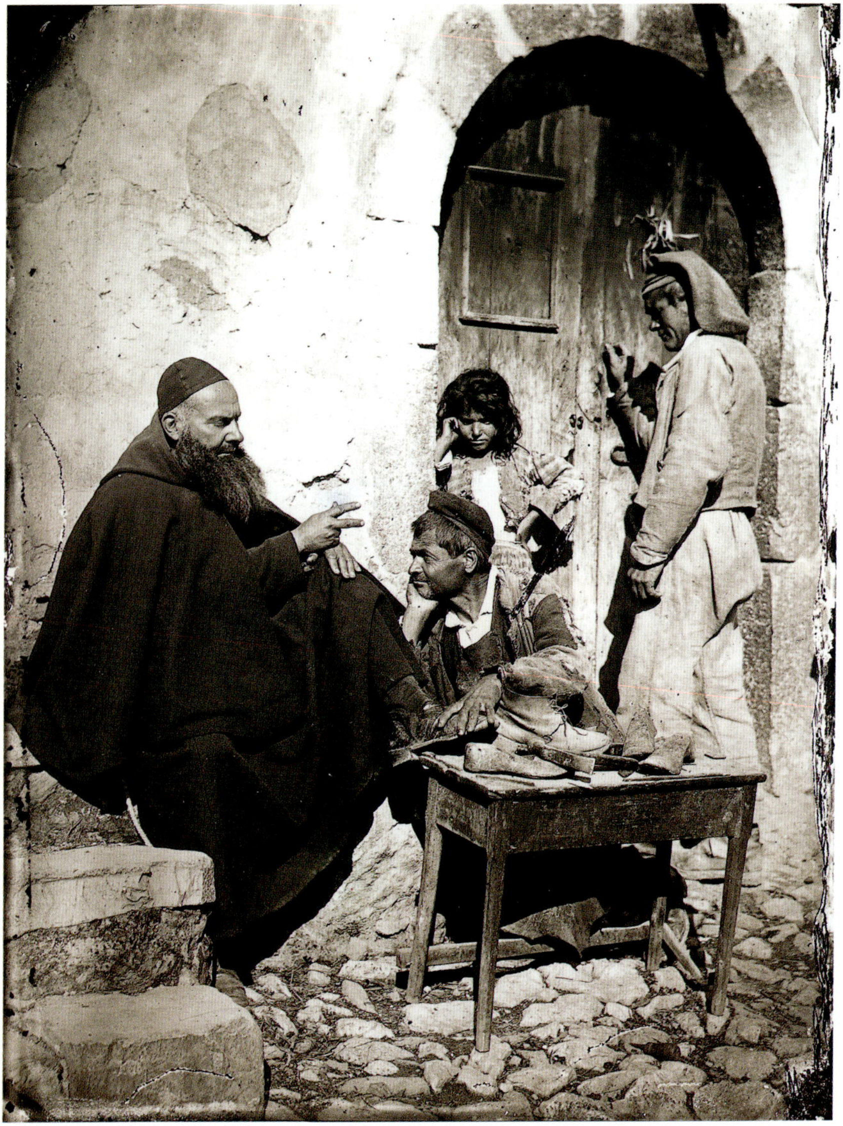

Frate Indovino predice i numeri del lotto,1880 ca.,
stampa moderna da lastra originale al collodio, cm. 18X24

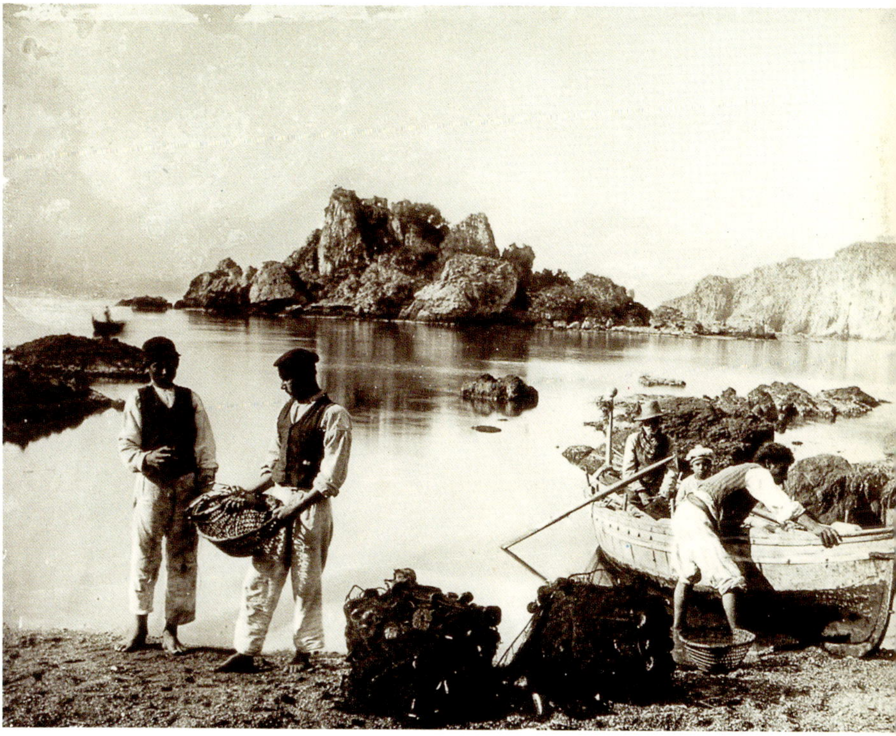

GRUPPO DI PESCATORI, 1895 ca.,
stampa moderna da lastra originale alla gelatina bromuro d'argento, cm. 30x40

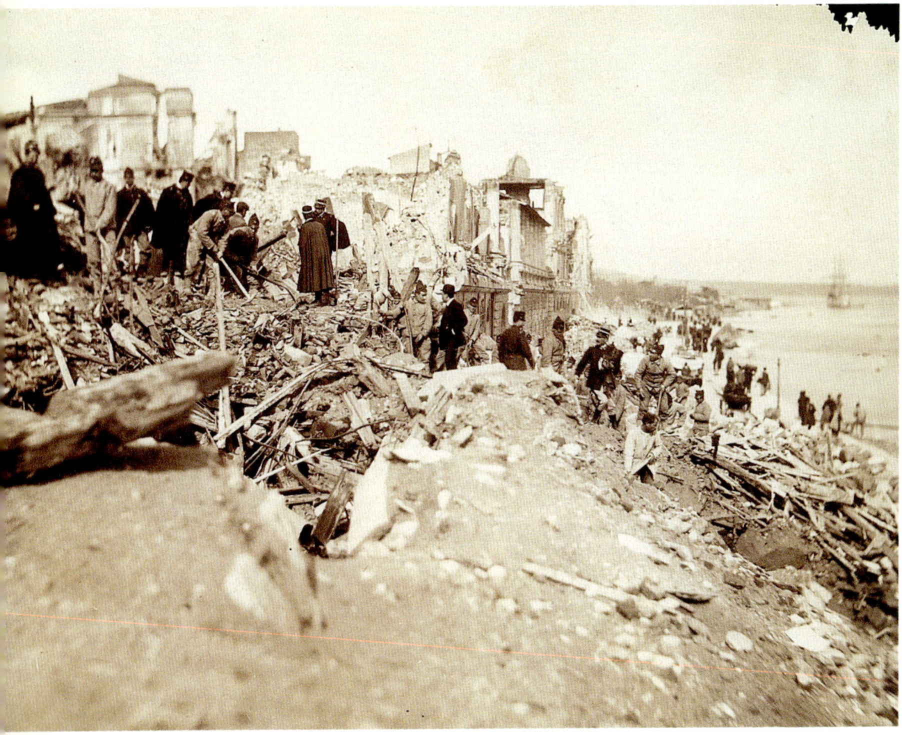

Macerie del Consolato Americano di Messina dopo il terremoto, 1908, stampa originale all'albumina, cm. 21,5x15,7

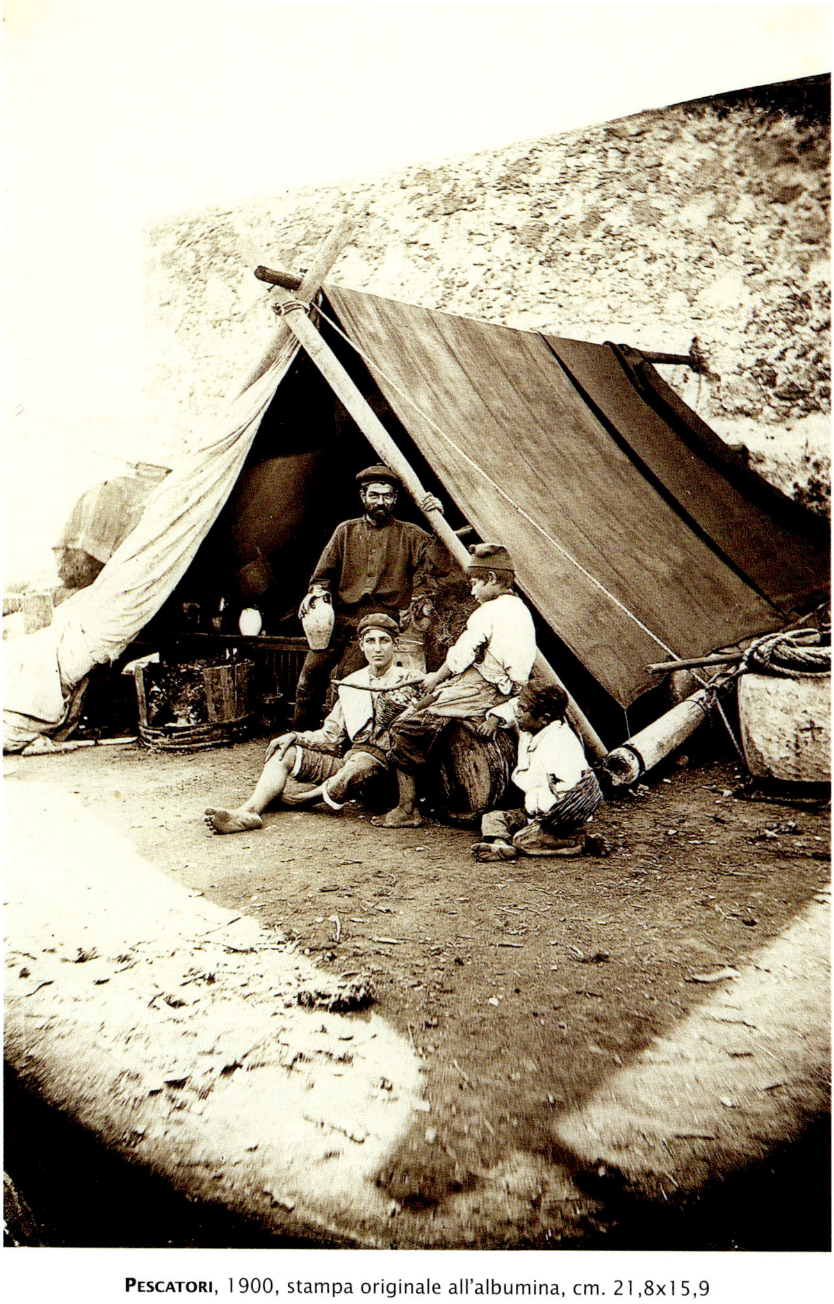

Pescatori, 1900, stampa originale all'albumina, cm. 21,8x15,9

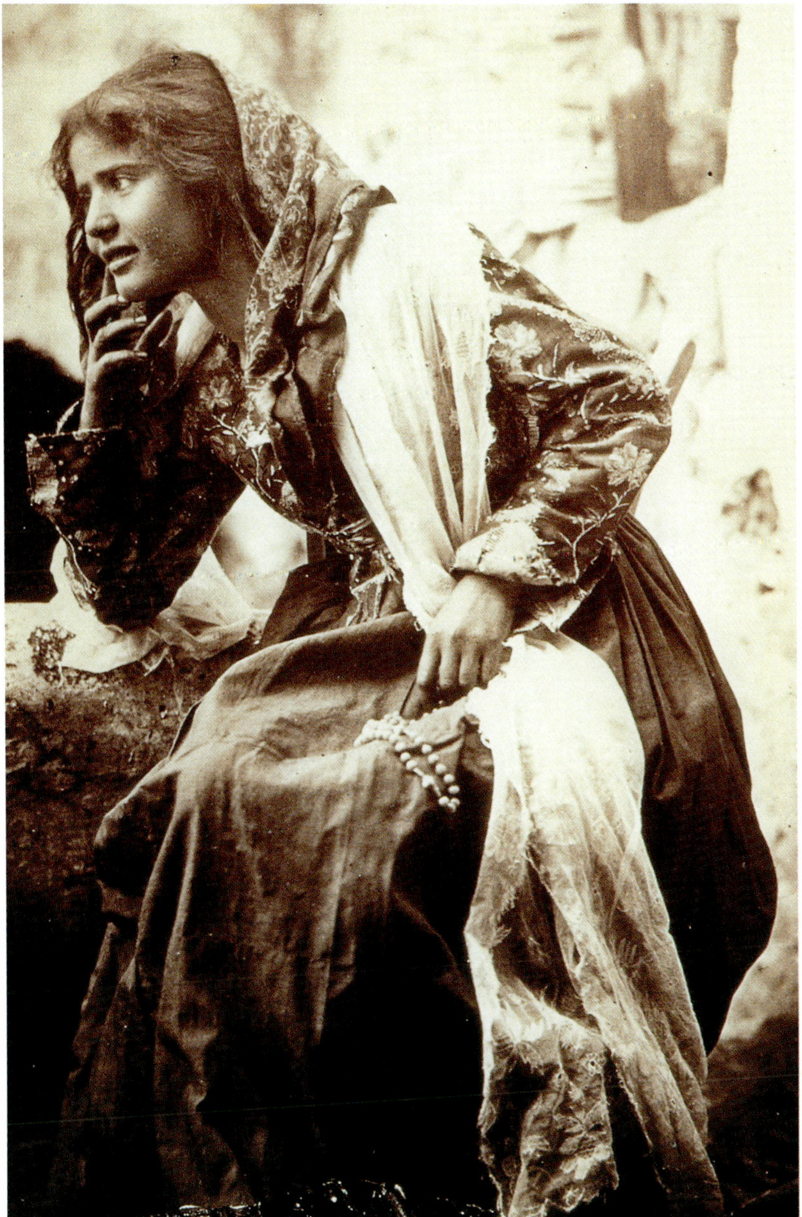

Giovane siciliana, 1890 ca., stampa originale all'albumina, cm. 20,5x14,5

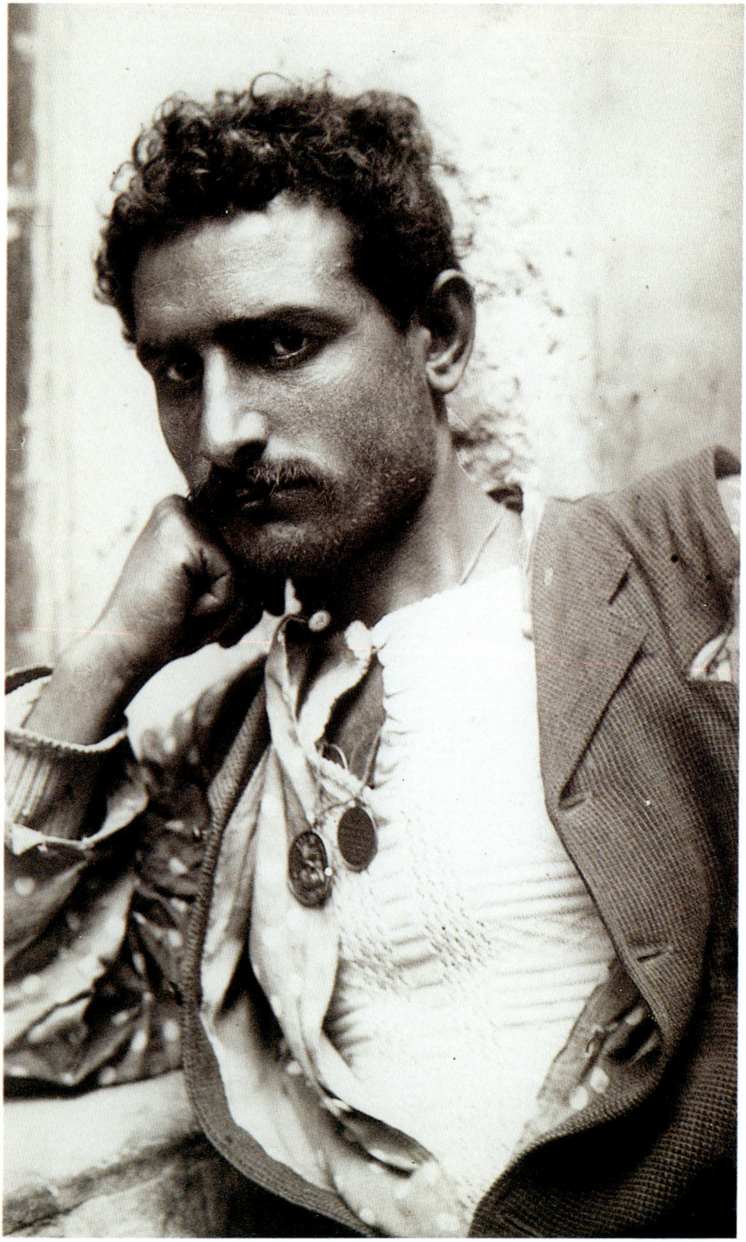

Tipo siciliano,1890 ca., stampa originale all'albumina, cm. 15,9x10

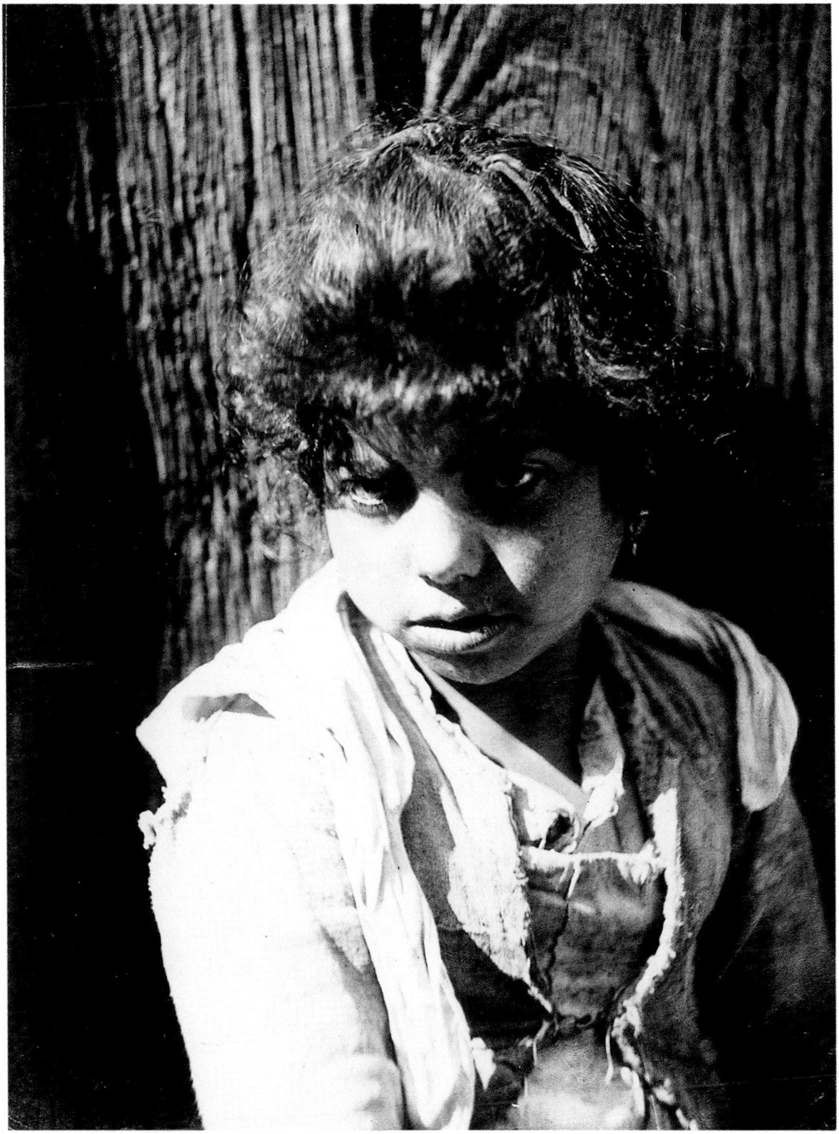

Bambina siciliana, 1890 ca., stampa originale all'albumina, cm. 22,2x17

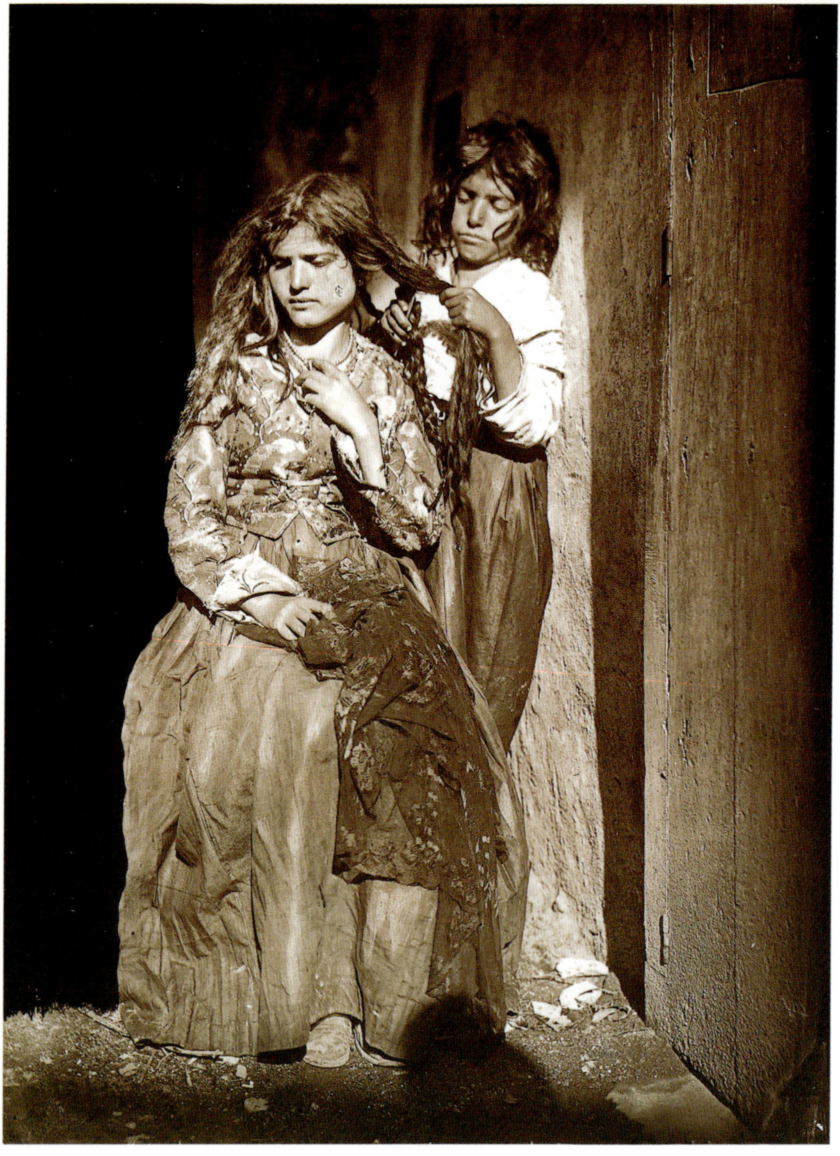

Giovani siciliane, 1890 ca.,
stampa moderna da lastra originale alla gelatina bromuro d'argento, cm. 18x24

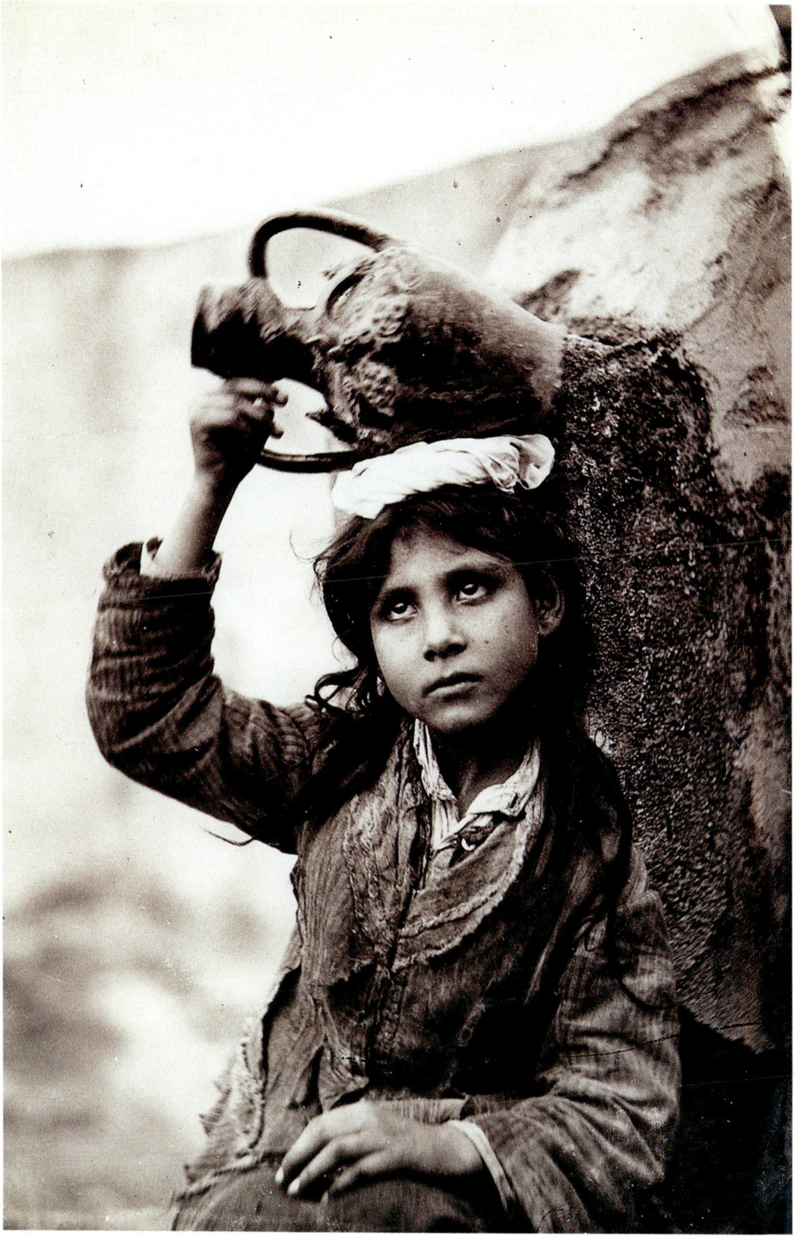

Bambina con anfora, 1890 ca., stampa originale all'albumina, cm 16,4x11,5

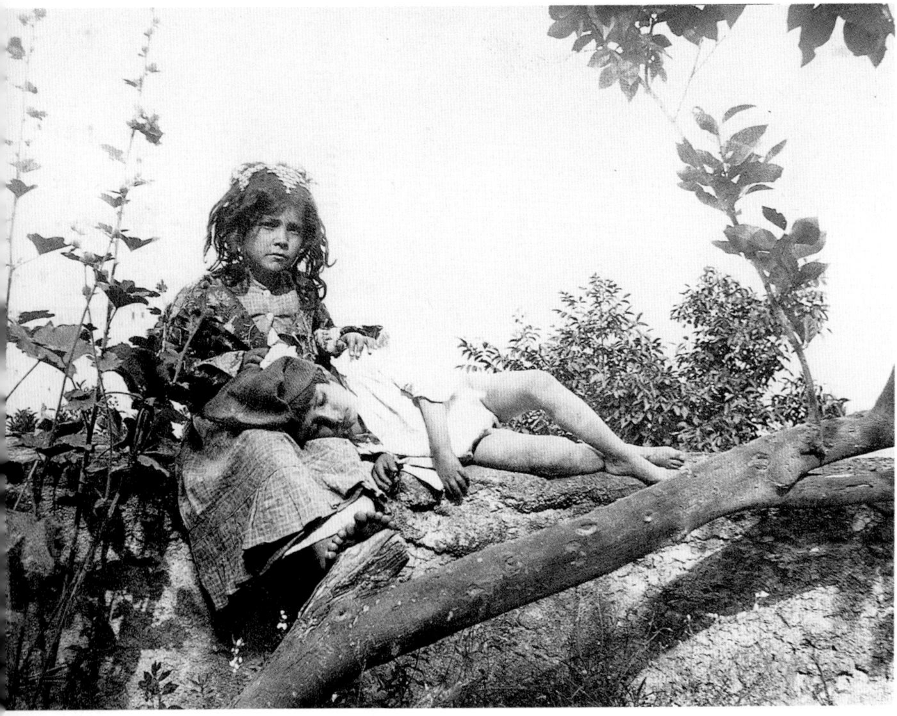

Bambini, 1900, stampa originale all'albumina, cm. 11,6x16

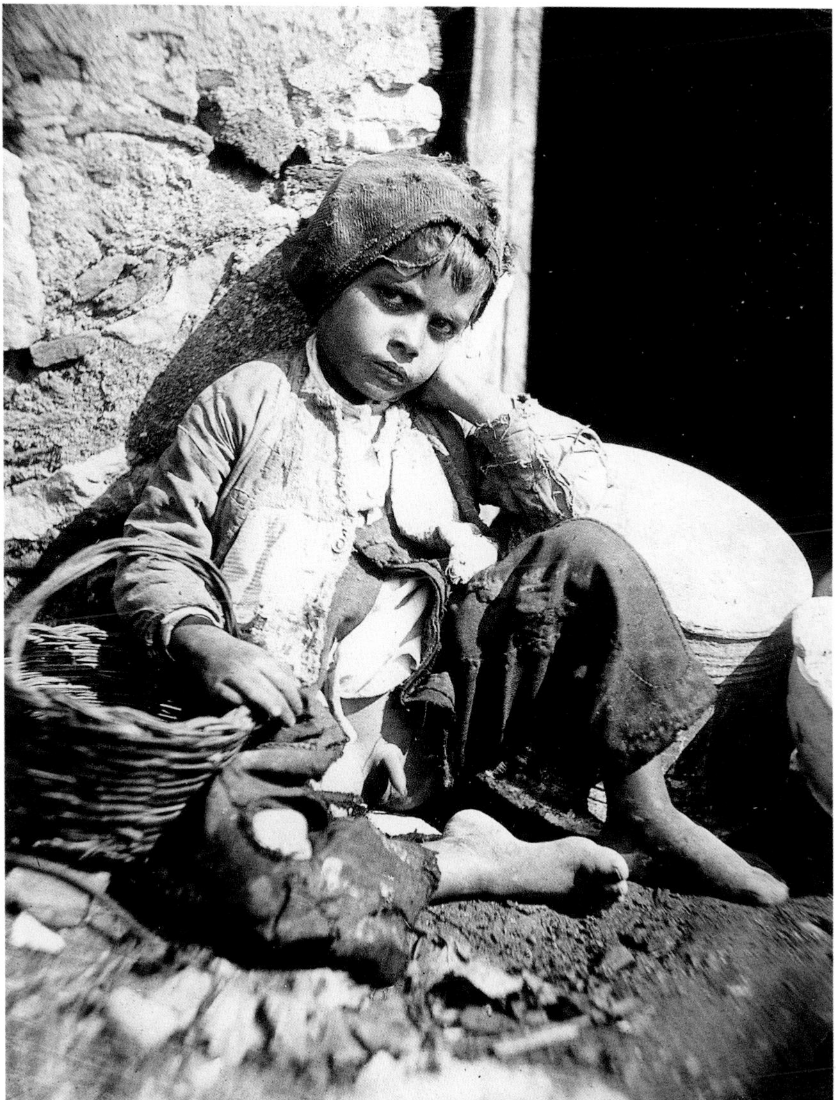

BAMBINO SICILIANO, 1880 ca., stampa originale all'albumina, cm. 21,8x16,8

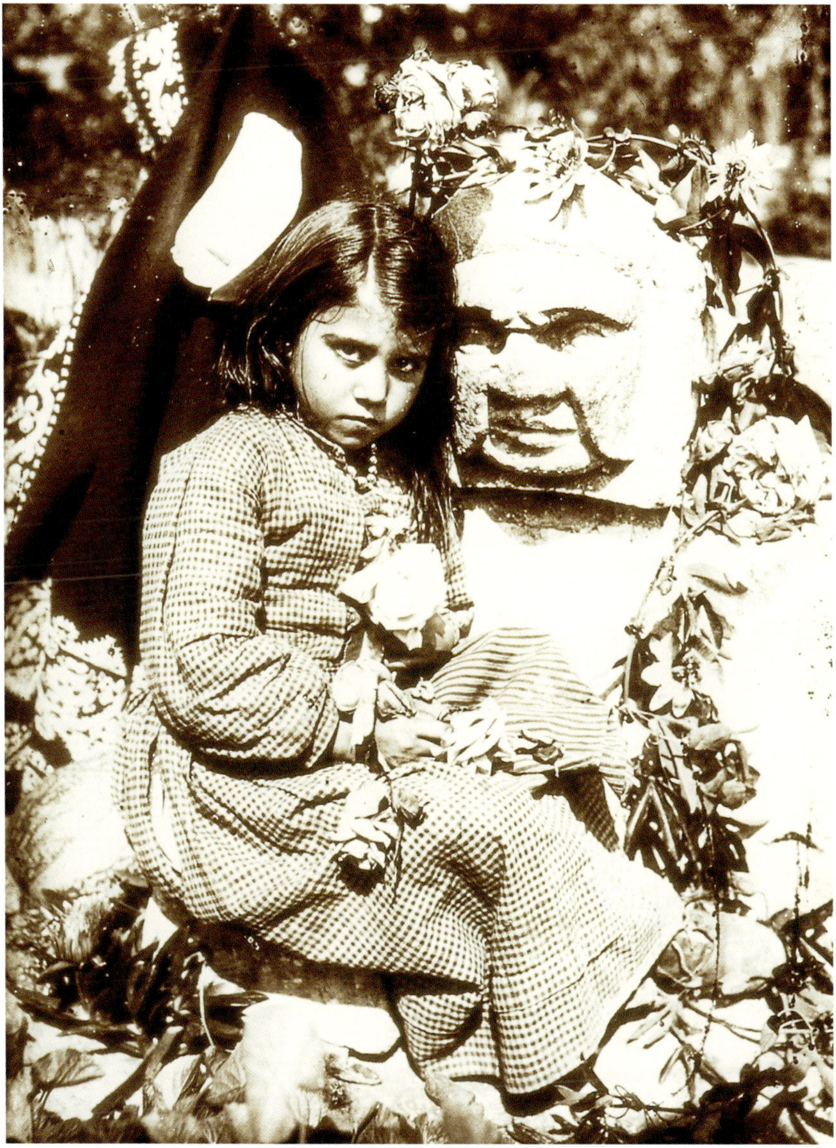

BAMBINA CON MASCHERONE, 1895 ca.,
stampa moderna da lastra originale alla gelatina bromuro d'argento, cm. 18x24

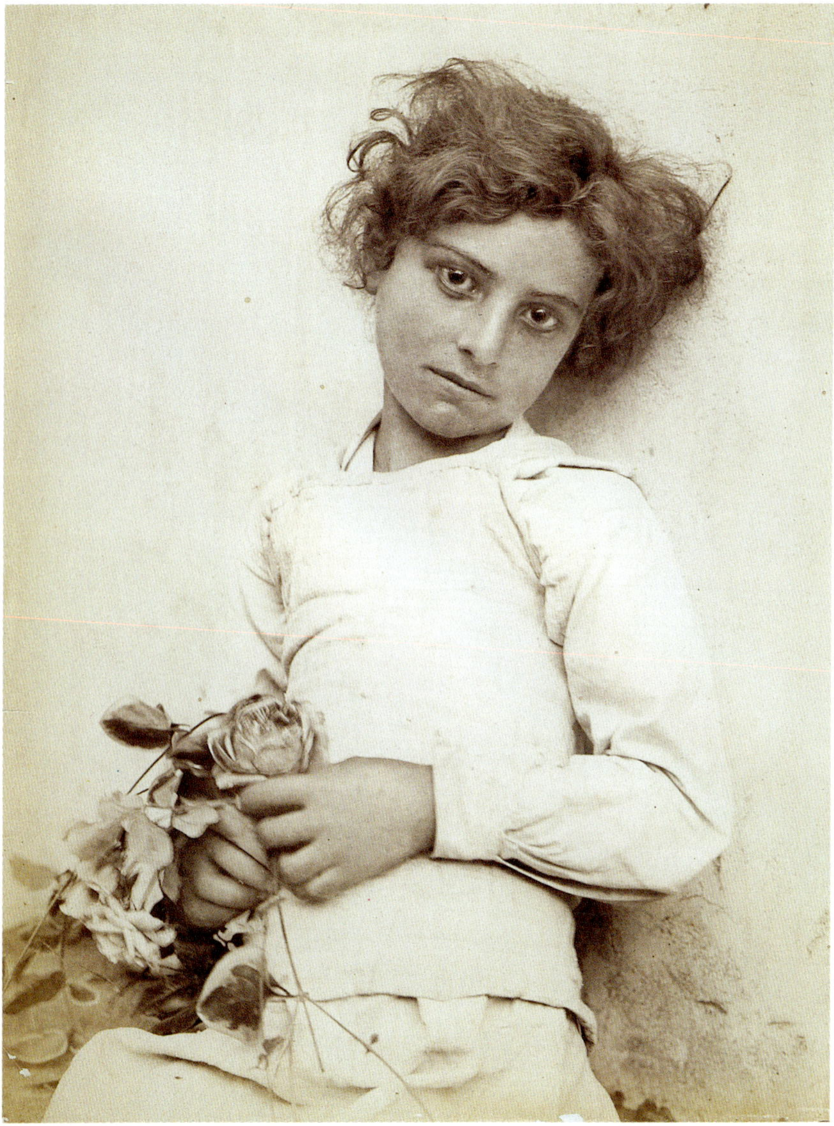

Ritratto di bambina, 1902, stampa originale all'albumina, cm. 36,8x28,6

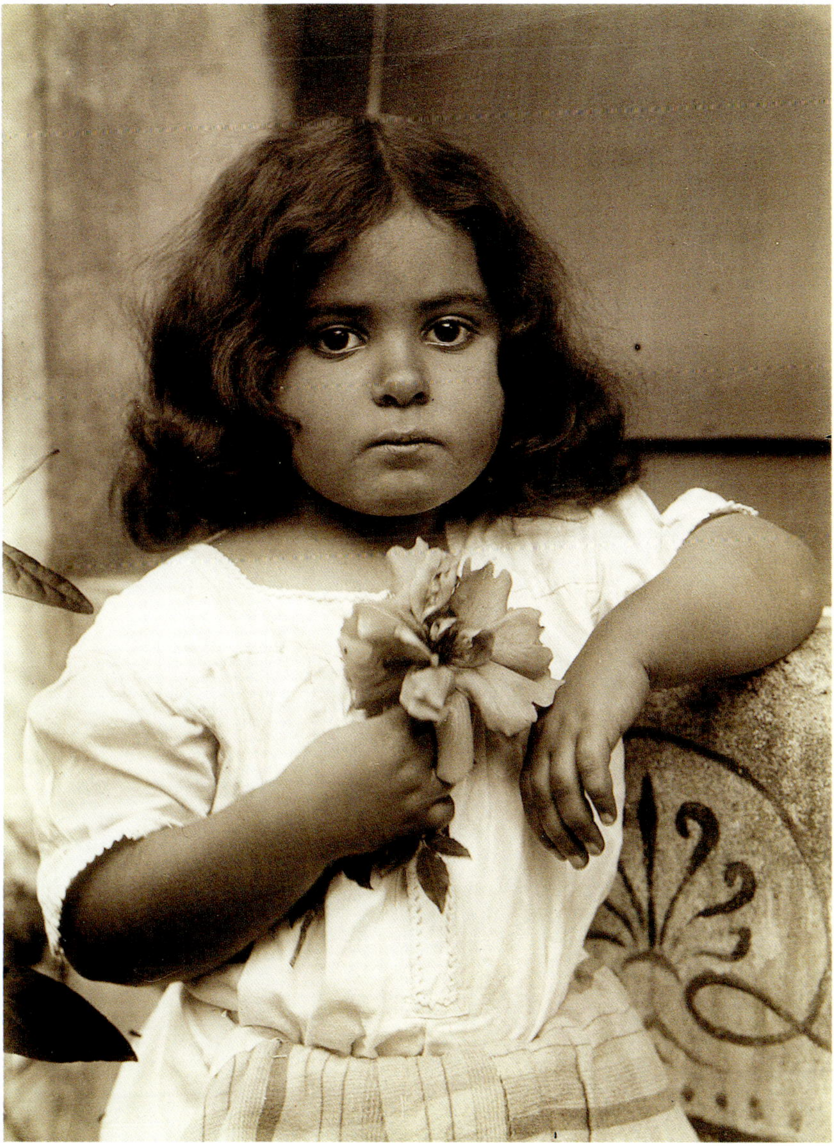

Carlotta, 1890 ca., stampa originale all'albumina, cm. 22,3x16,3

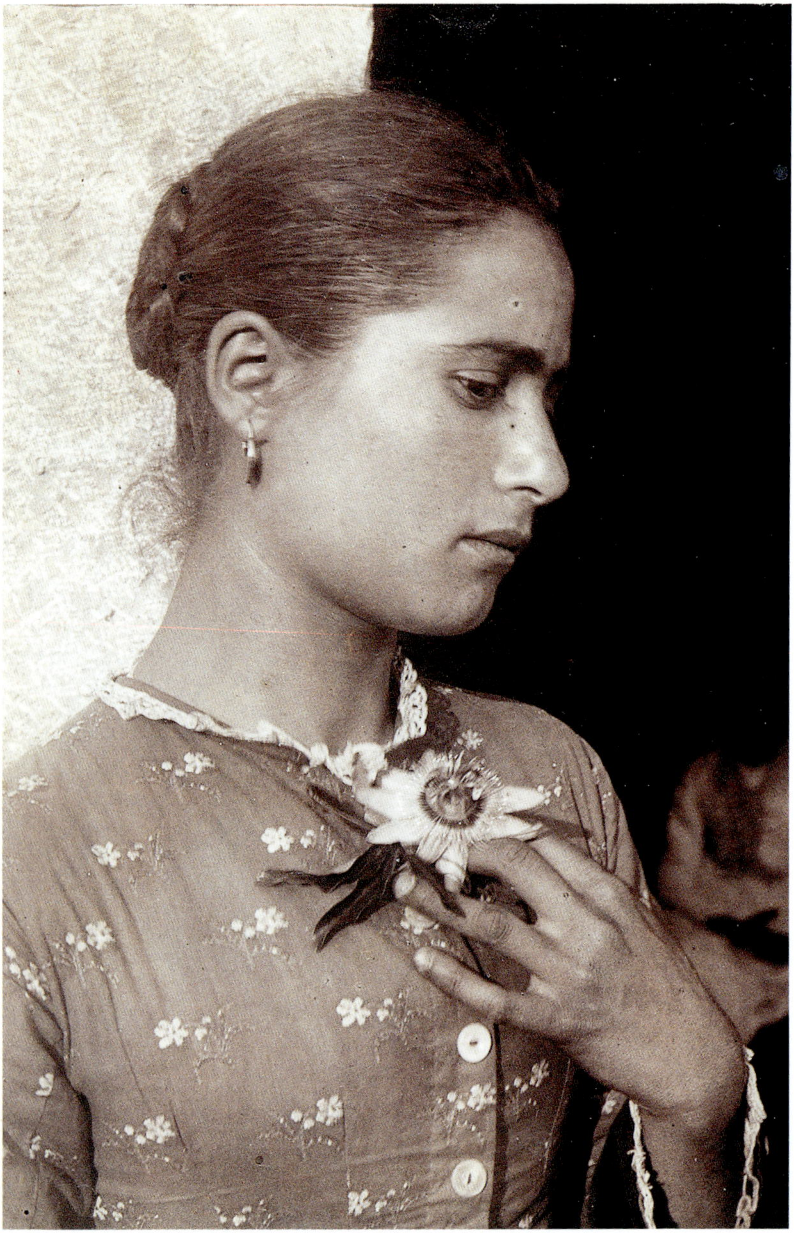

GIOVANE DONNA CON PASSIFLORA, 1900 ca.,
stampa originale all'albumina, cm. 15,3x10,8

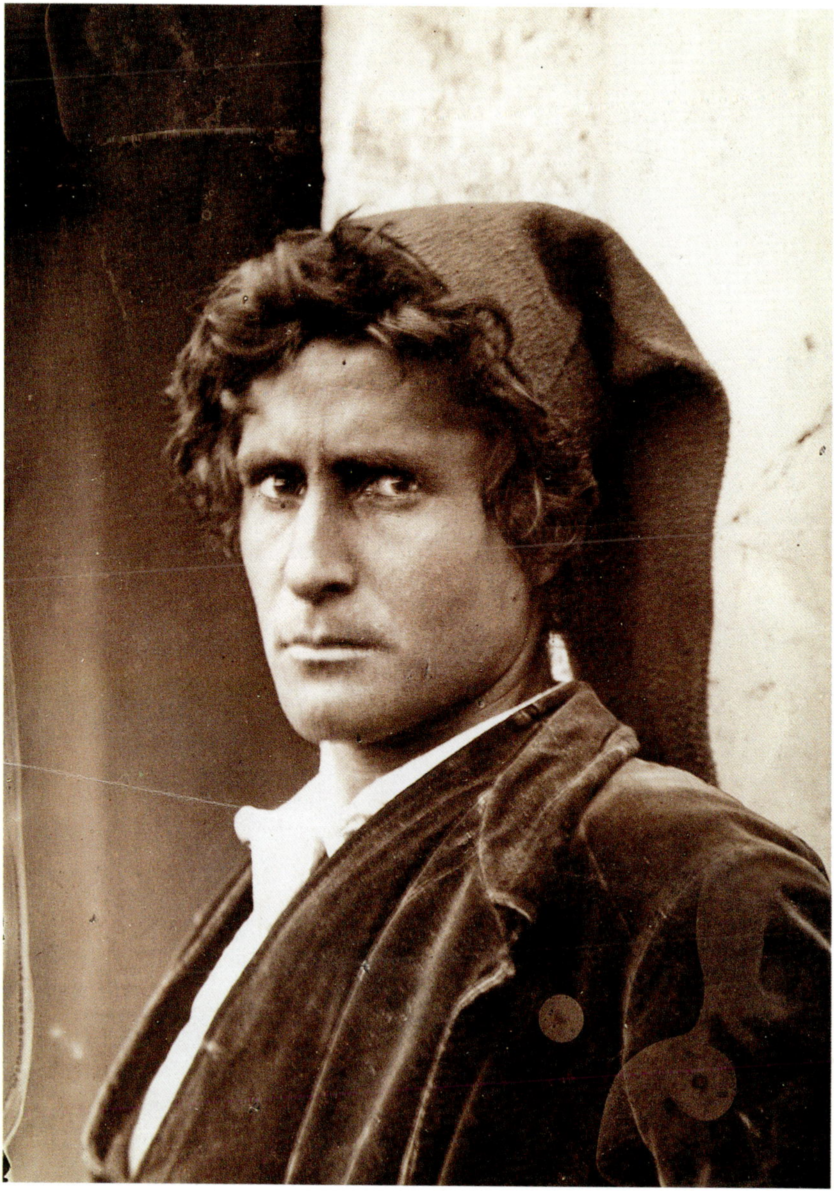

Giovane siciliano, 1904, stampa originale all'albumina, cm. 15,7x11,5

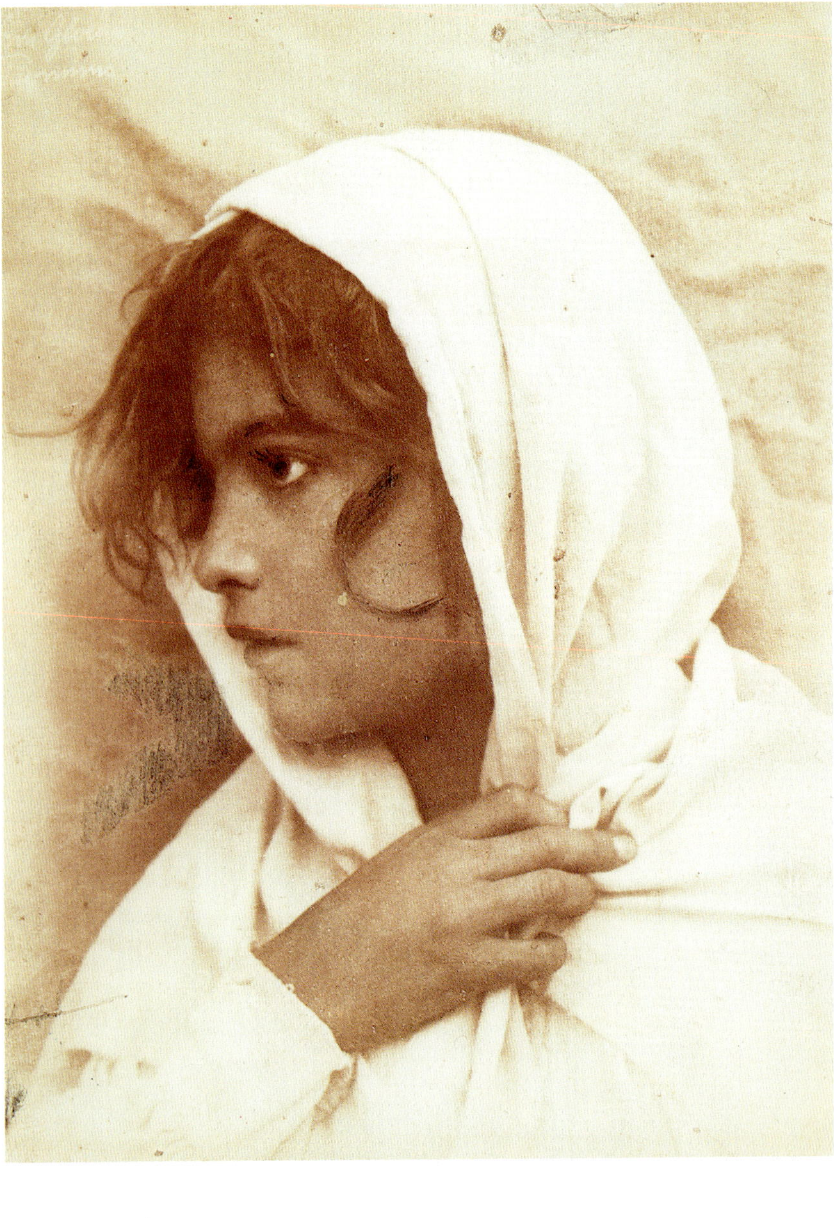

Giovanetta con velo bianco, 1900 ca.,
stampa originale su carta salata, cm. 22,5x16,6

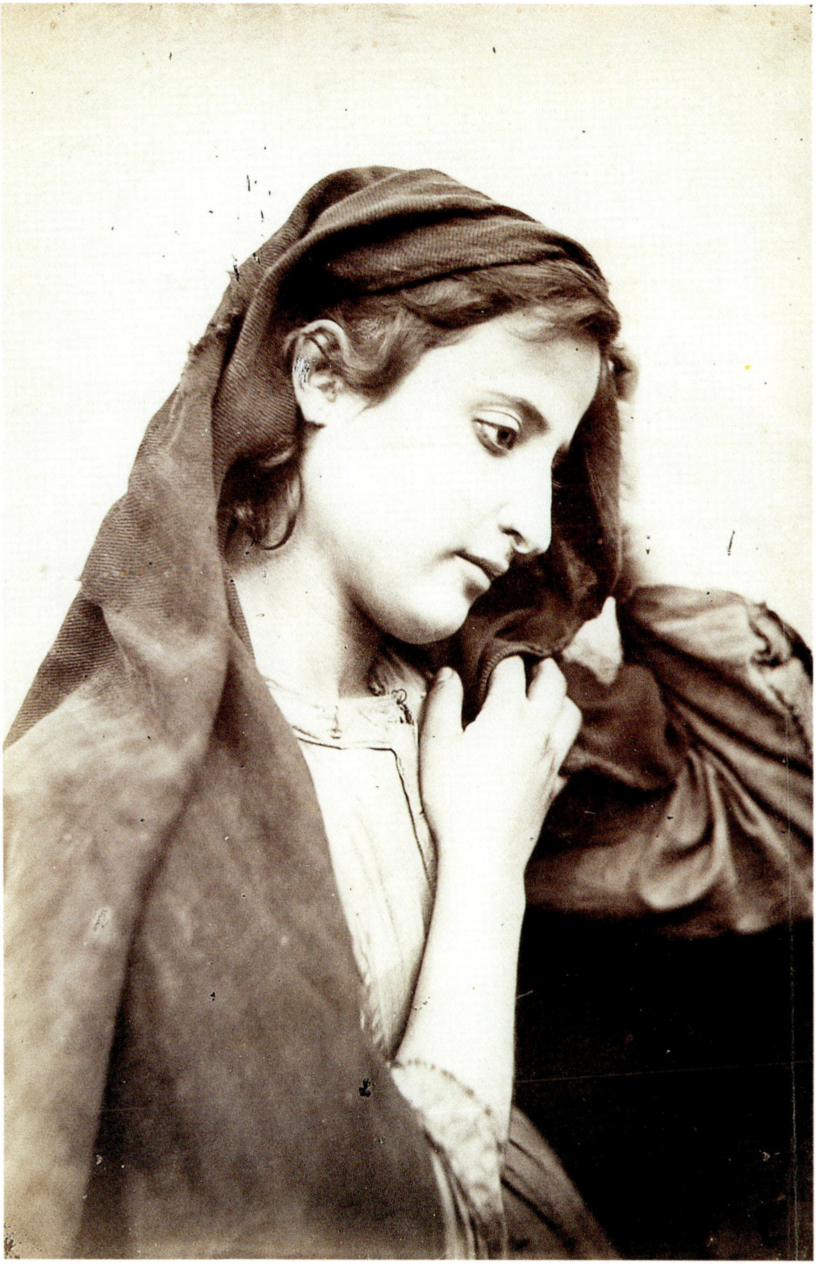

Madonna, 1900, stampa originale al'albumina, cm. 17,2x12

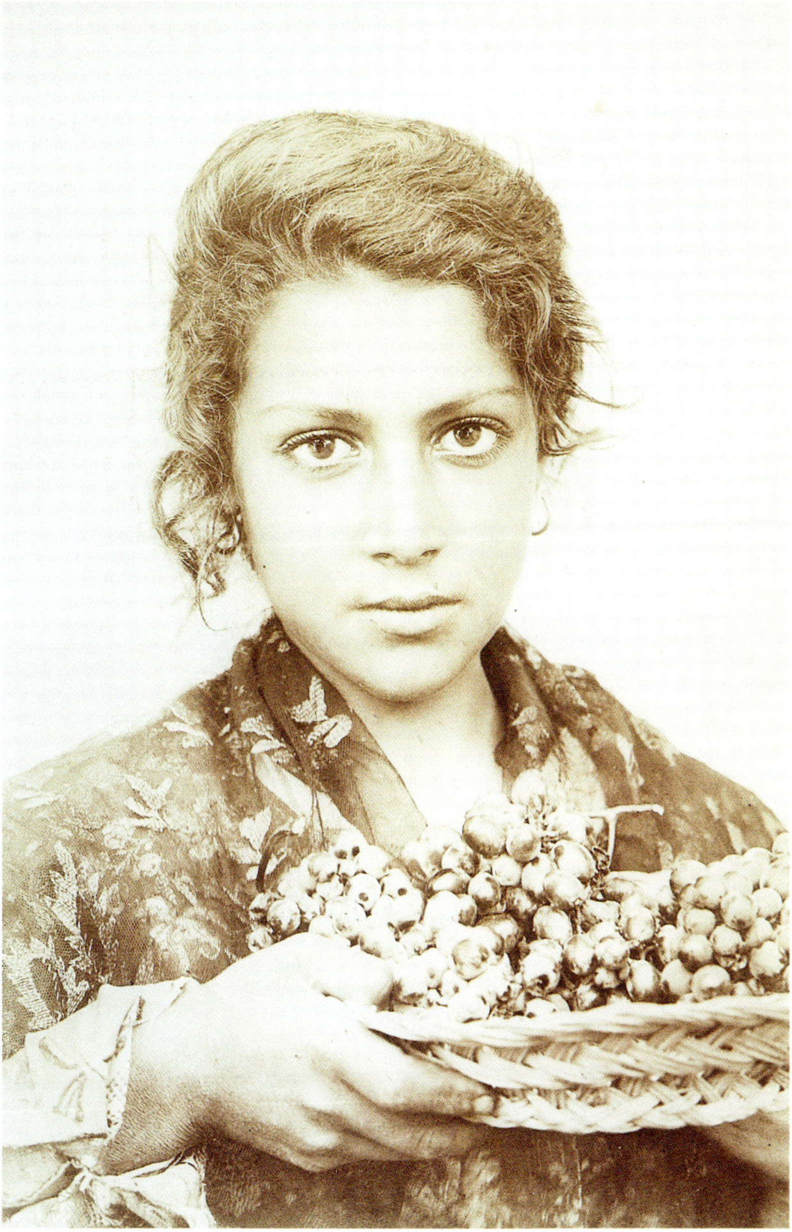

RAGAZZA SICILIANA, 1914, stampa originale su carta salata, cm. 33,5x23,2

Panorama. Terrazza, 1900 ca., stampa originale all'albumina, cm. 16,9x22,8

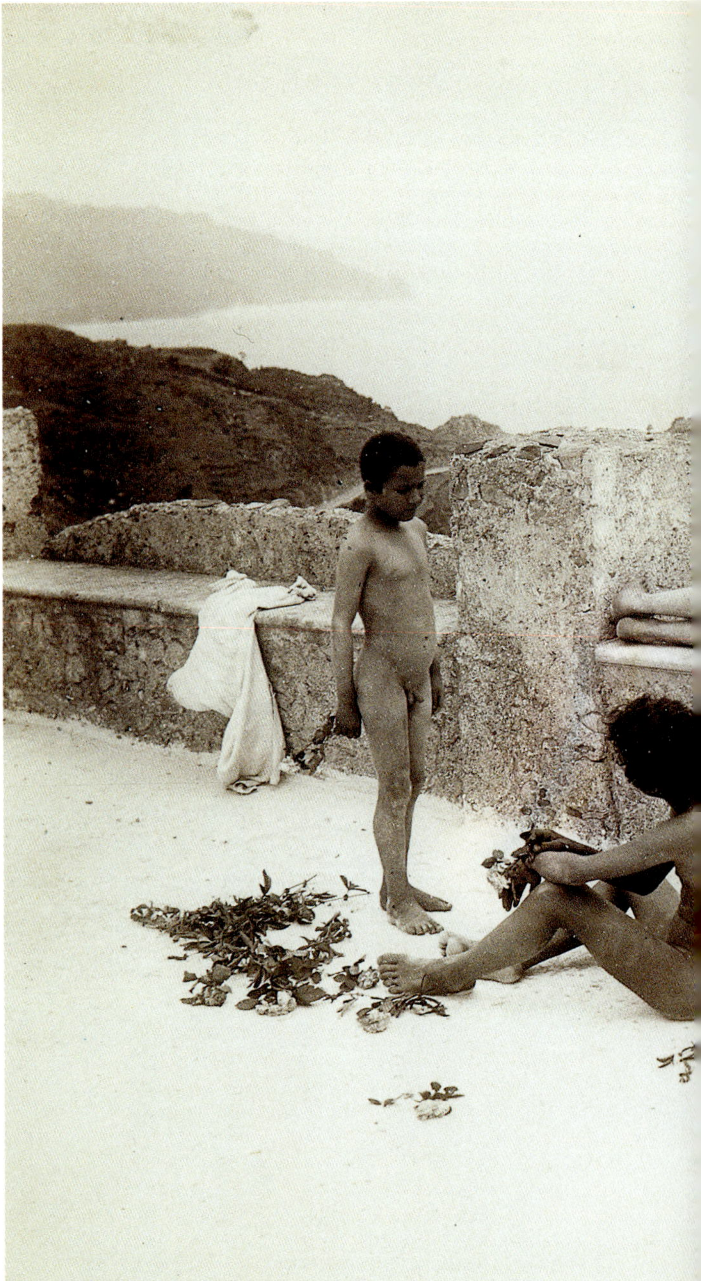

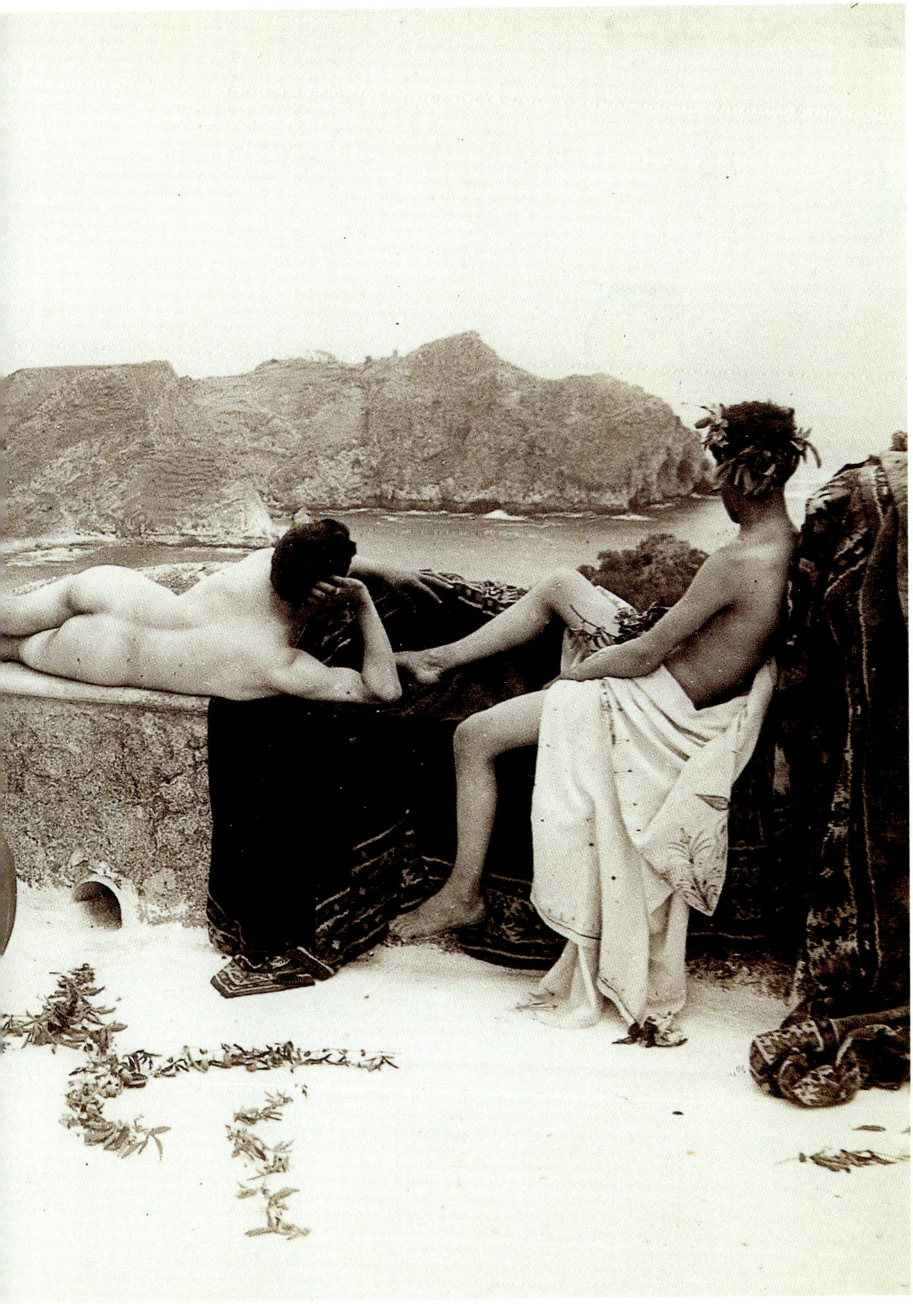

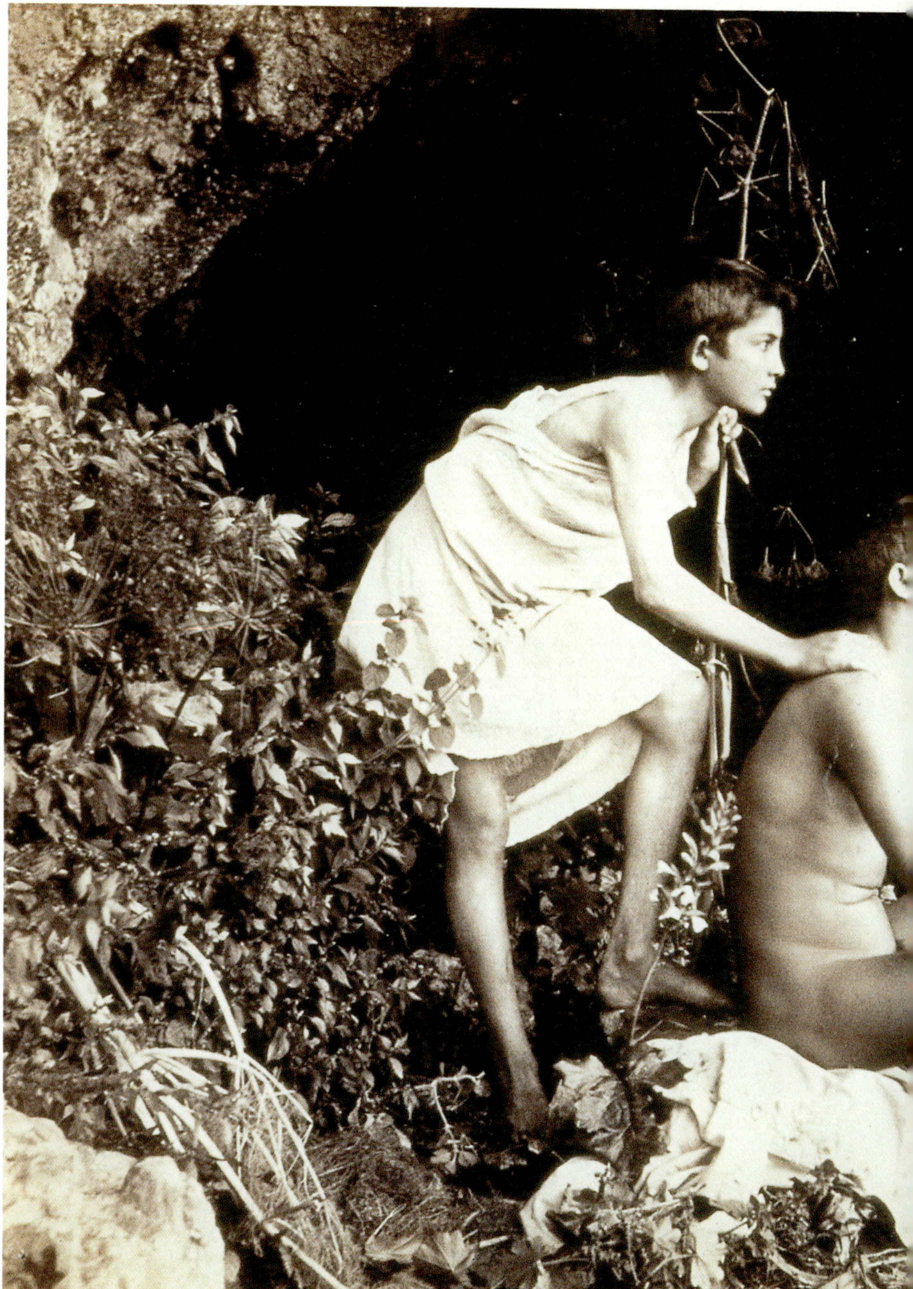

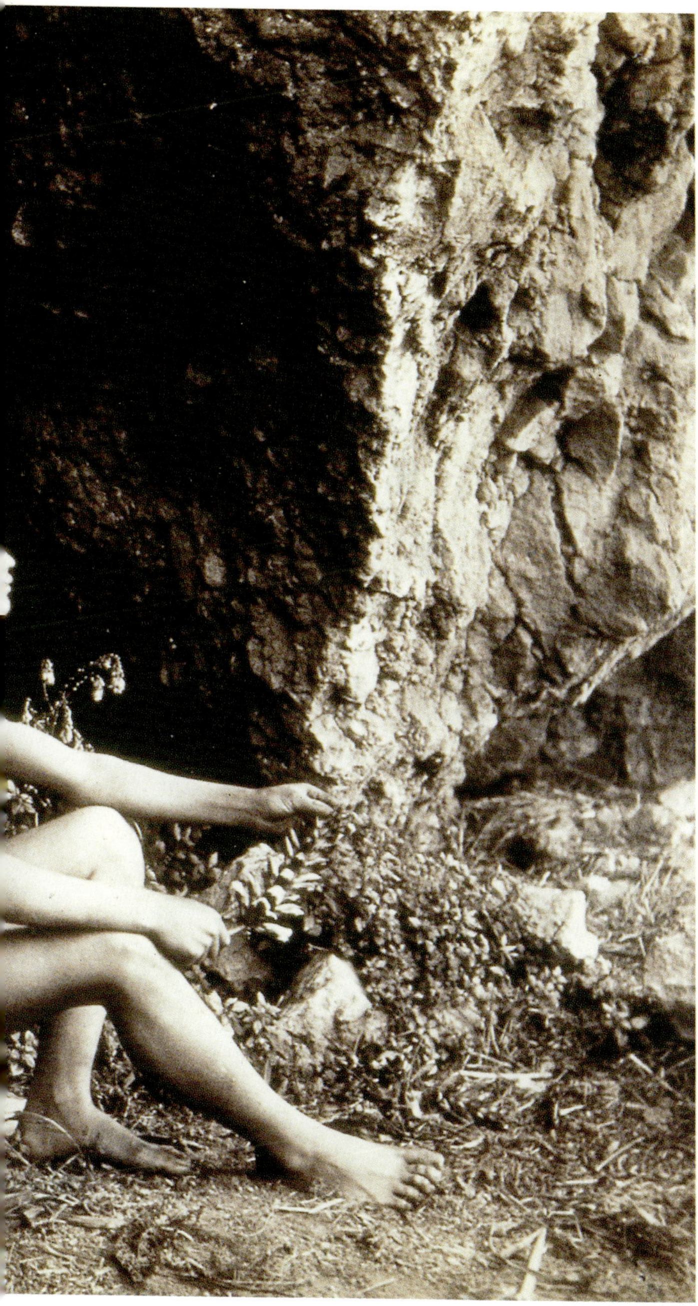

Fanciulli vicino ad una grotta, 1900 ca., stampa originale all'albumina, cm. 22,5x17

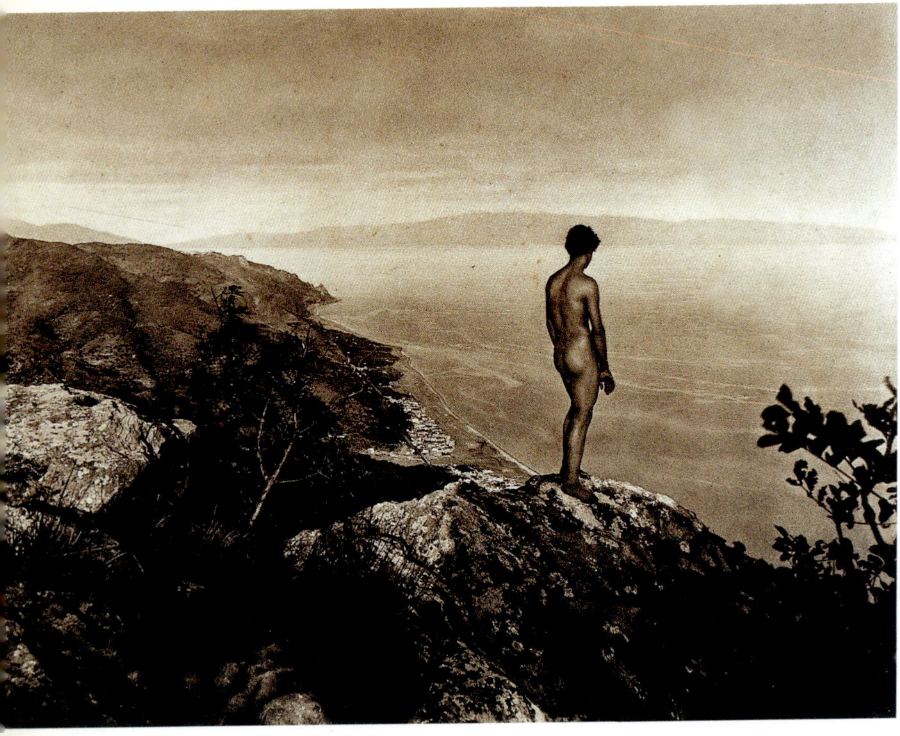

Elegie, 1900 ca., stampa originale in fototipia, cm. 22,8x31,4

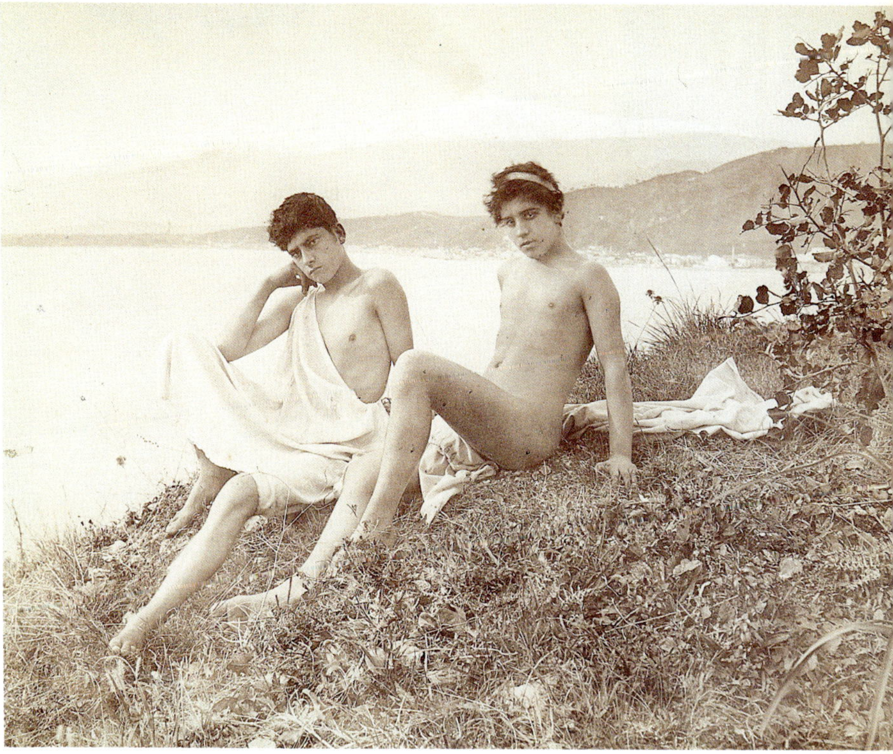

Due giovani con panorama, 1902, stampa originale all'albumina, cm. 16,9x22,4

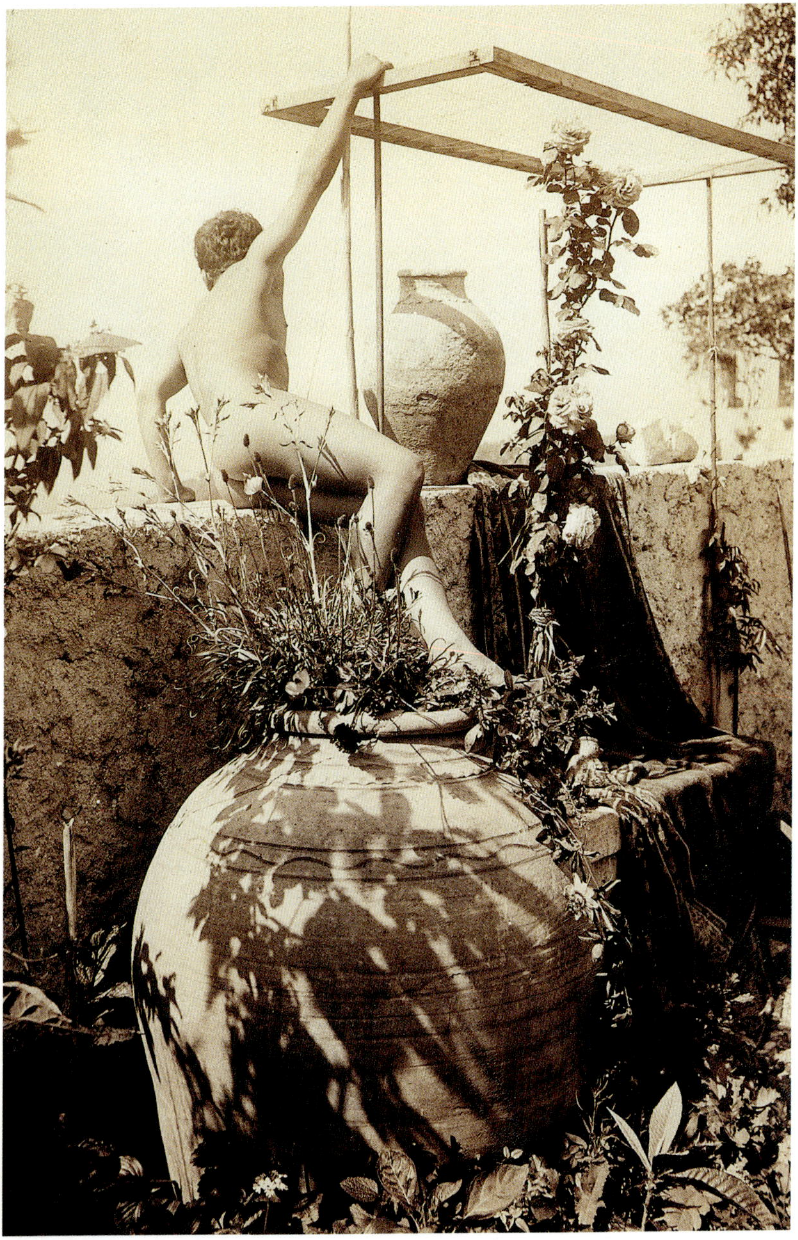

Bambino e anfore, 1900 ca., stampa originale all'albumina, cm. 23,1x15,6

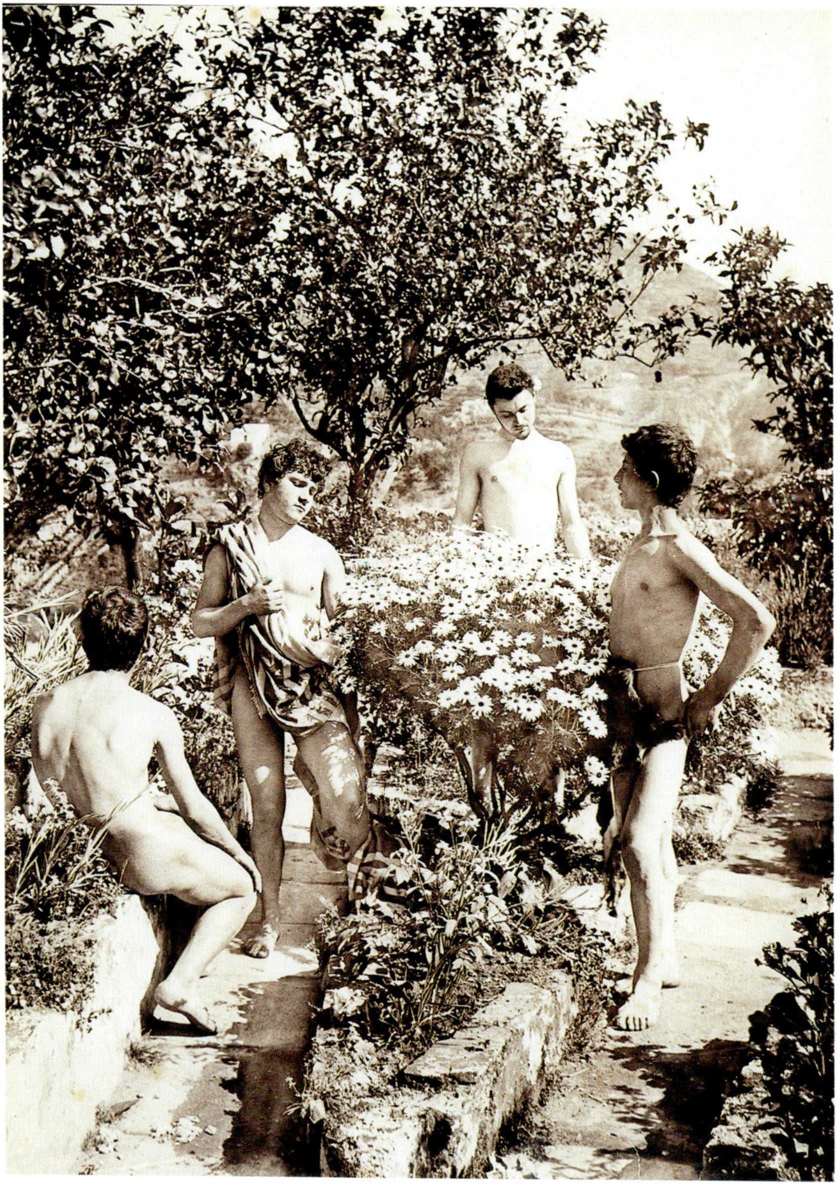

Gruppo di giovani in giardino, 1900, stampa originale all'albumina, cm. 22,3x16,9

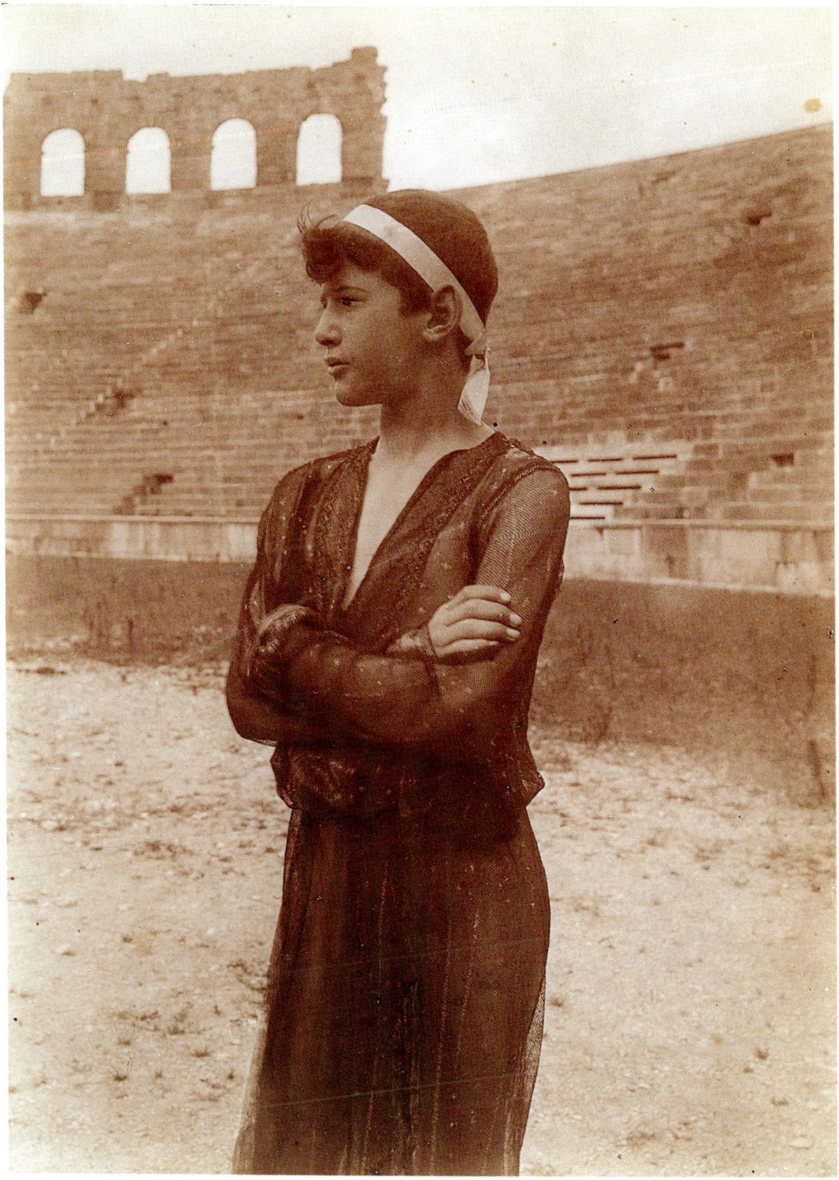

Giovane nell'Arena di Verona, 1900 ca.,
stampa originale all'albumina, cm. 21,9x16,3

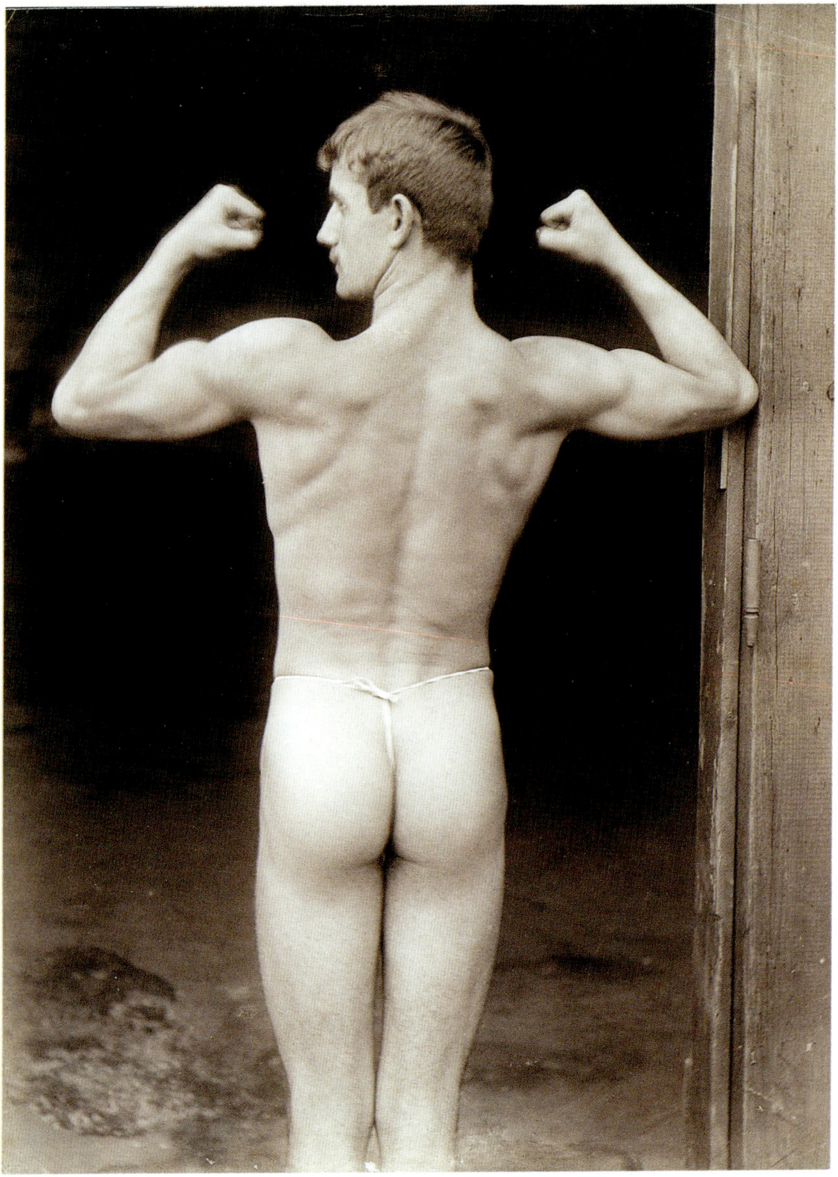

Studio accademico, 1890 ca., stampa originale all'albumina, cm. 22,4x16,8

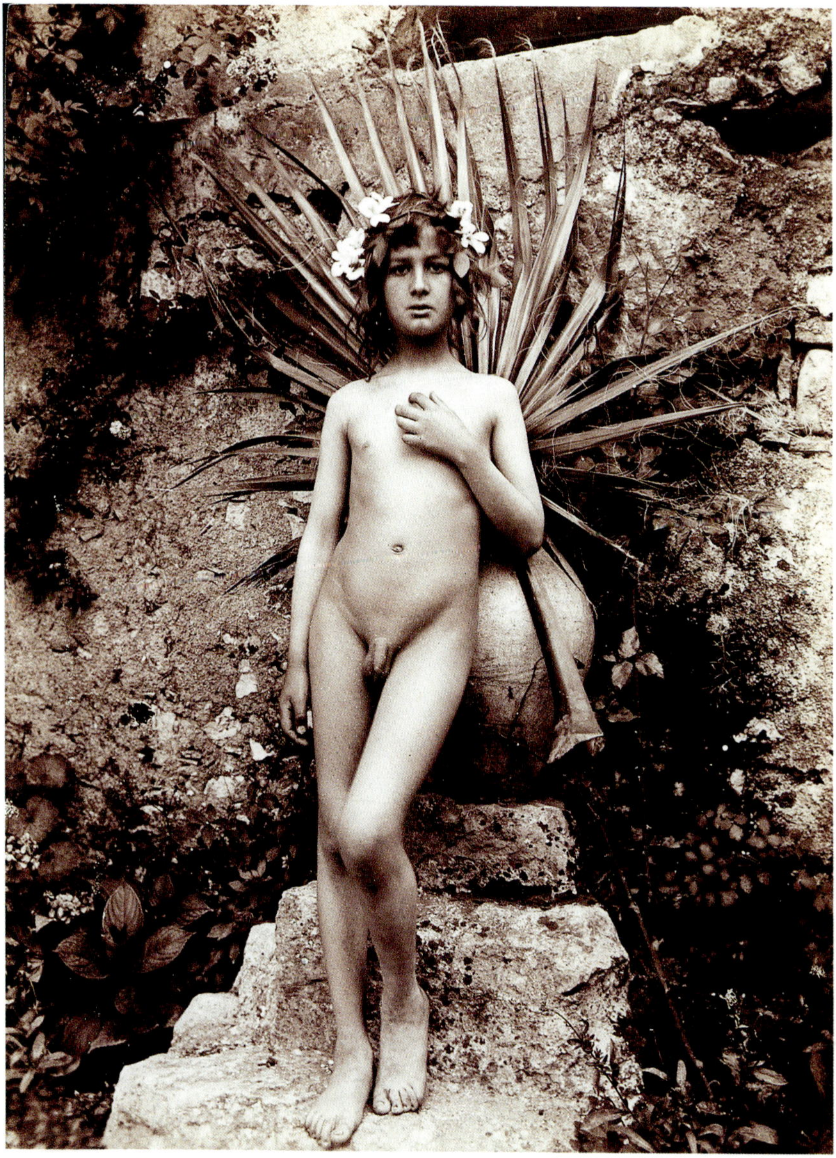

Giovane nudo con palma, 1900 ca., stampa originale all'albumina, cm. 22,6x16,9

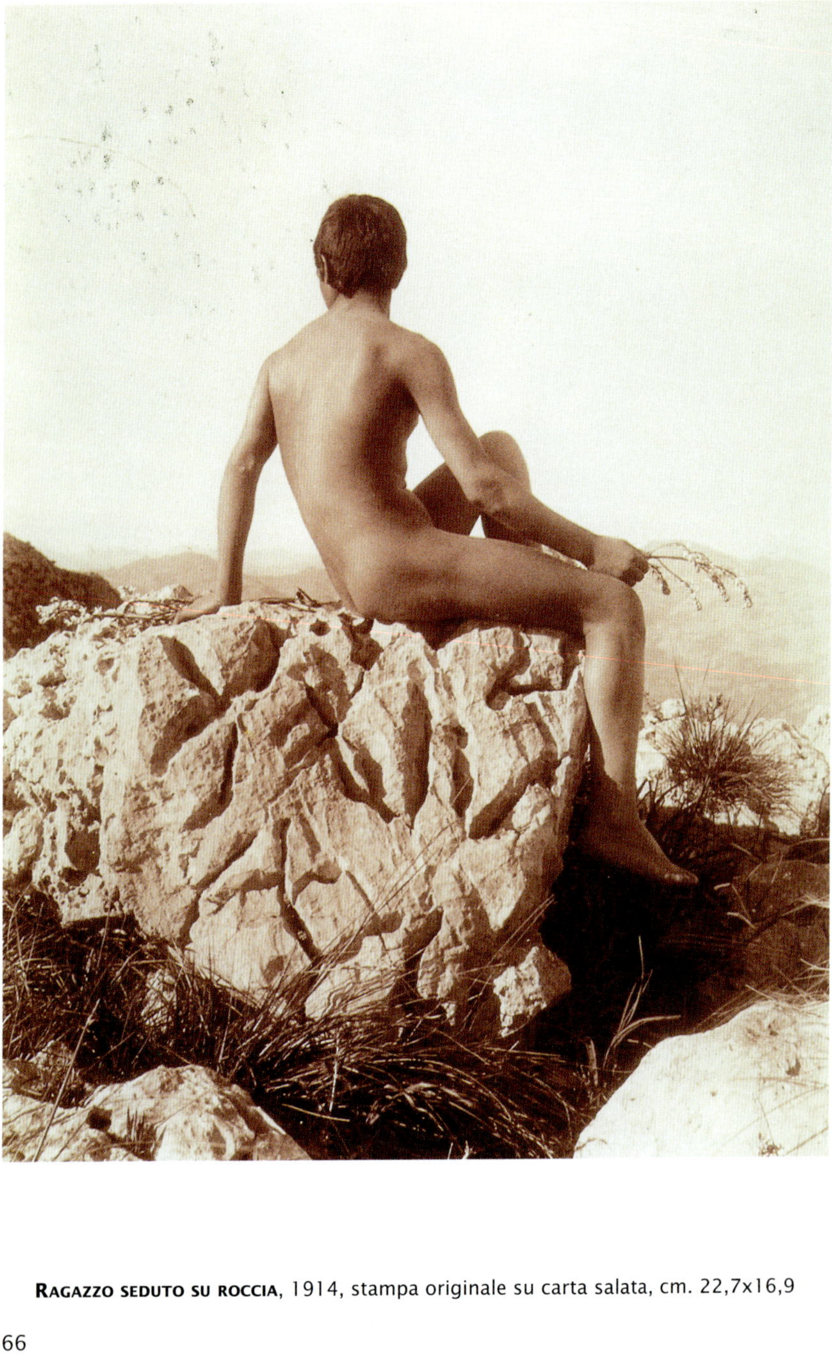

Ragazzo seduto su roccia, 1914, stampa originale su carta salata, cm. 22,7x16,9

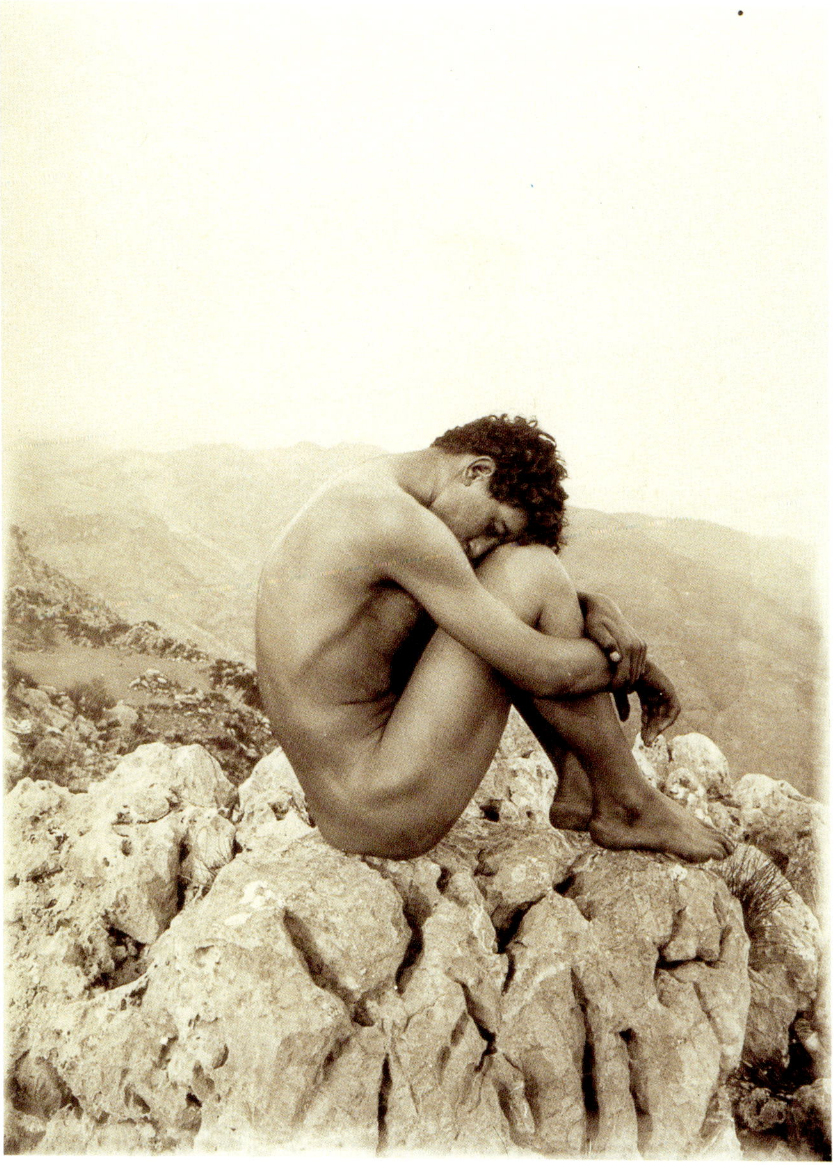

Caino, 1900 ca.,
stampa moderna da lastra originale alla gelatina bromuro d'argento, cm. 30x40

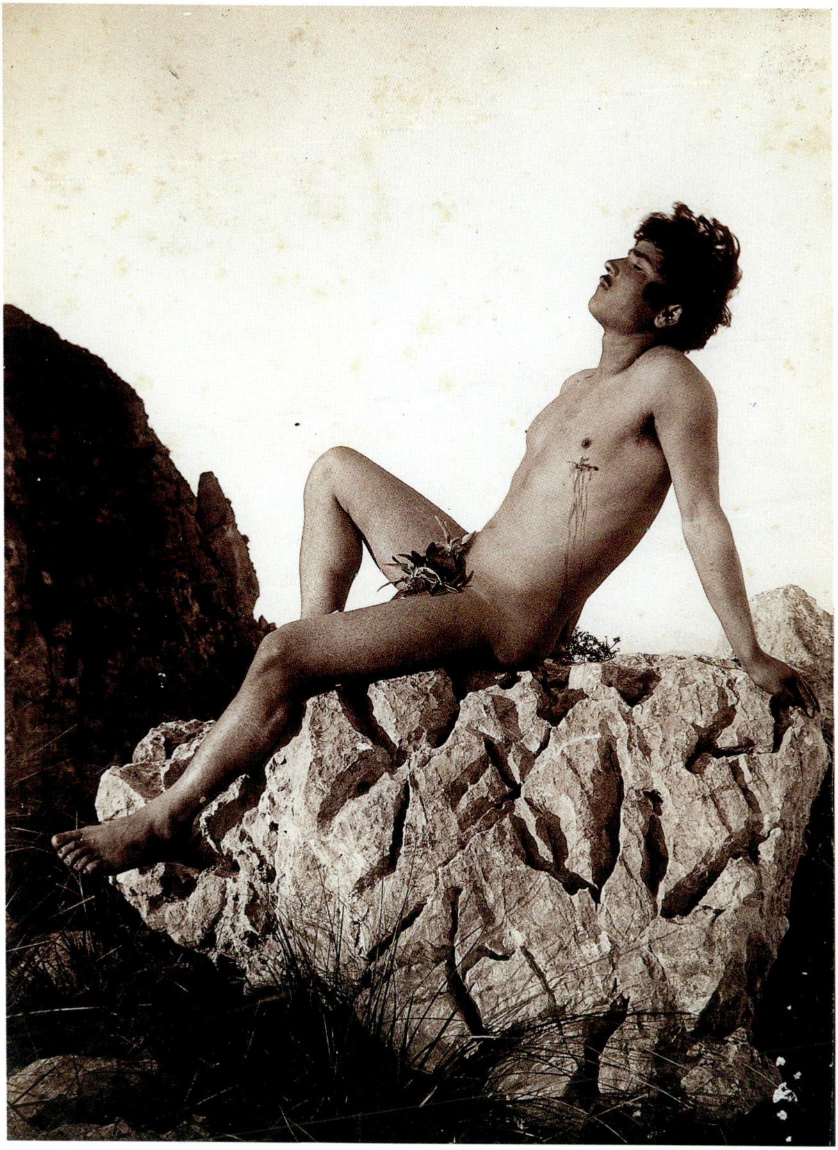

Studio per Caino, 1900 ca., stampa originale all'albumina, cm. 22,3x16,9

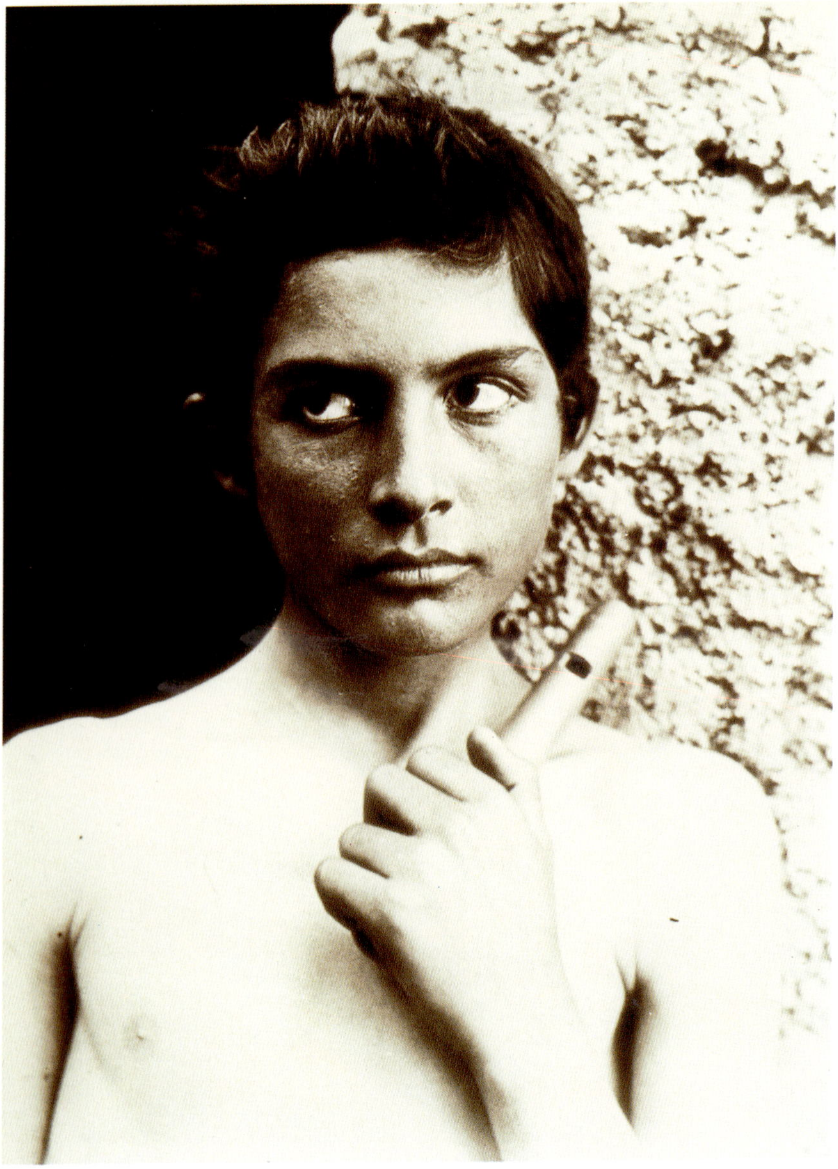

Giovane con flauto, 1900 ca.,
stampa moderna da lastra originale alla gelatina bromuro d'argento, cm. 18x24

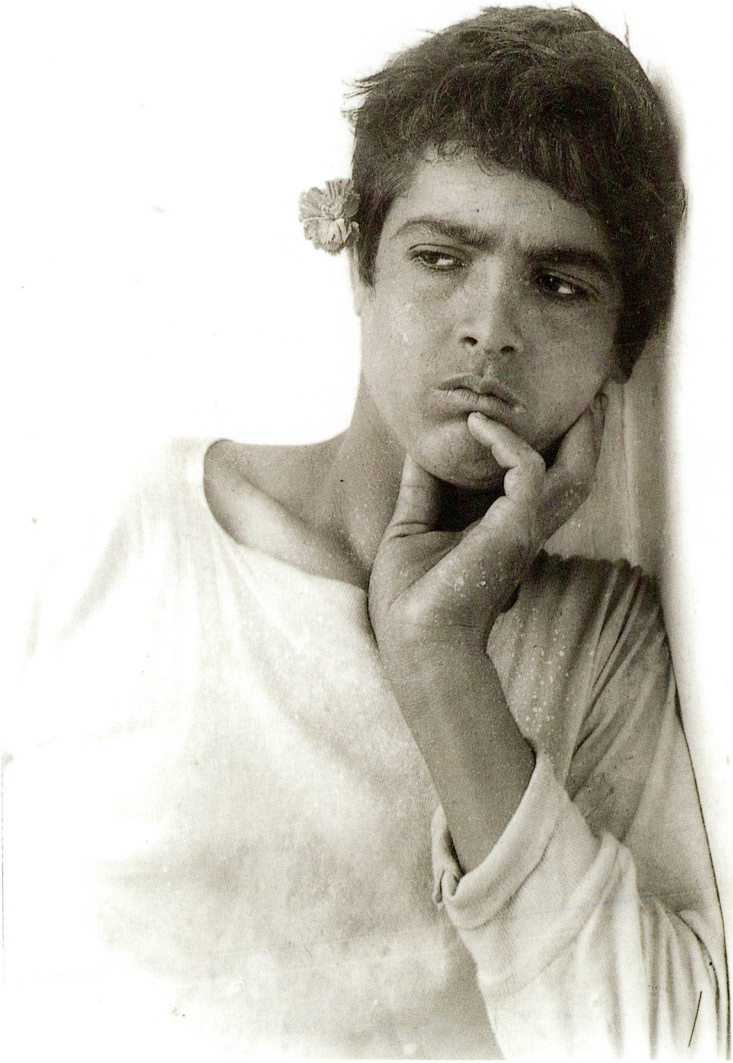

Giovane siciliano, 1895 ca.,
stampa moderna da lastra originale alla gelatina bromuro d'argento, cm. 18x24

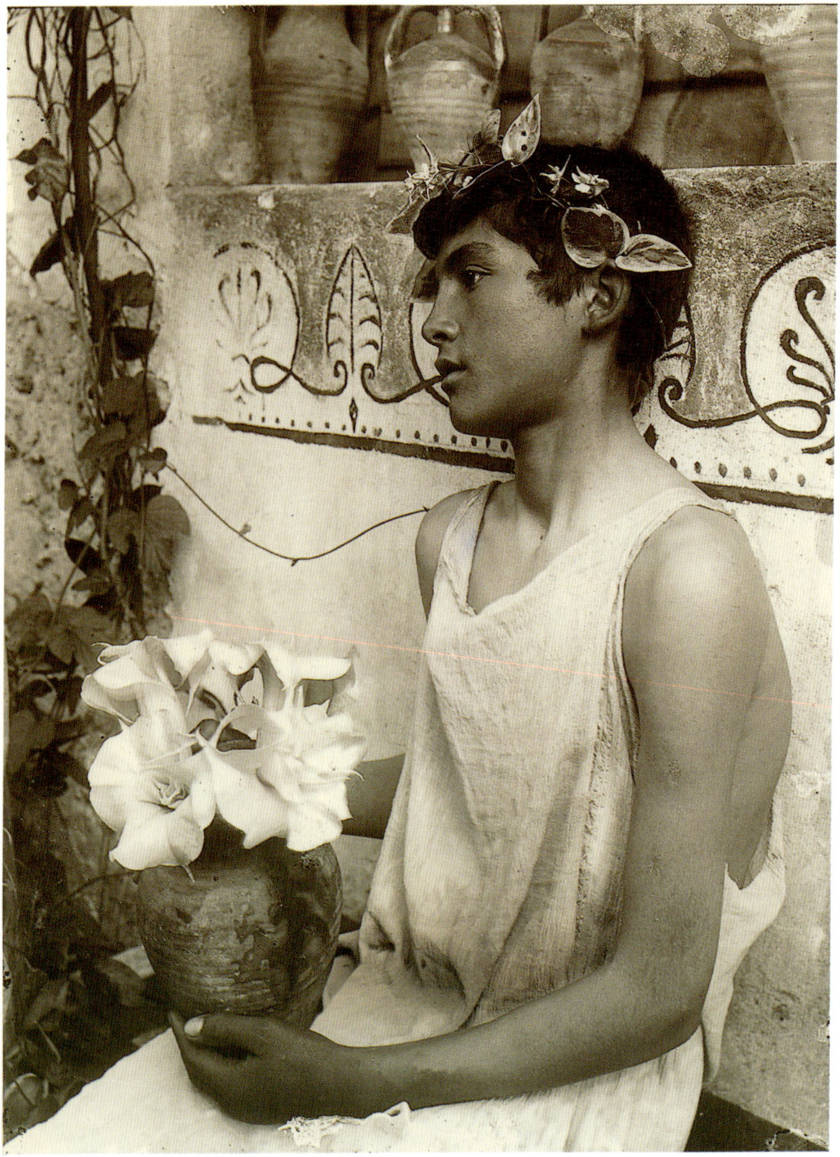

Giovane siciliano, 1890 ca.,
stampa moderna da lastra originale alla gelatina bromuro d'argento, cm. 18X24

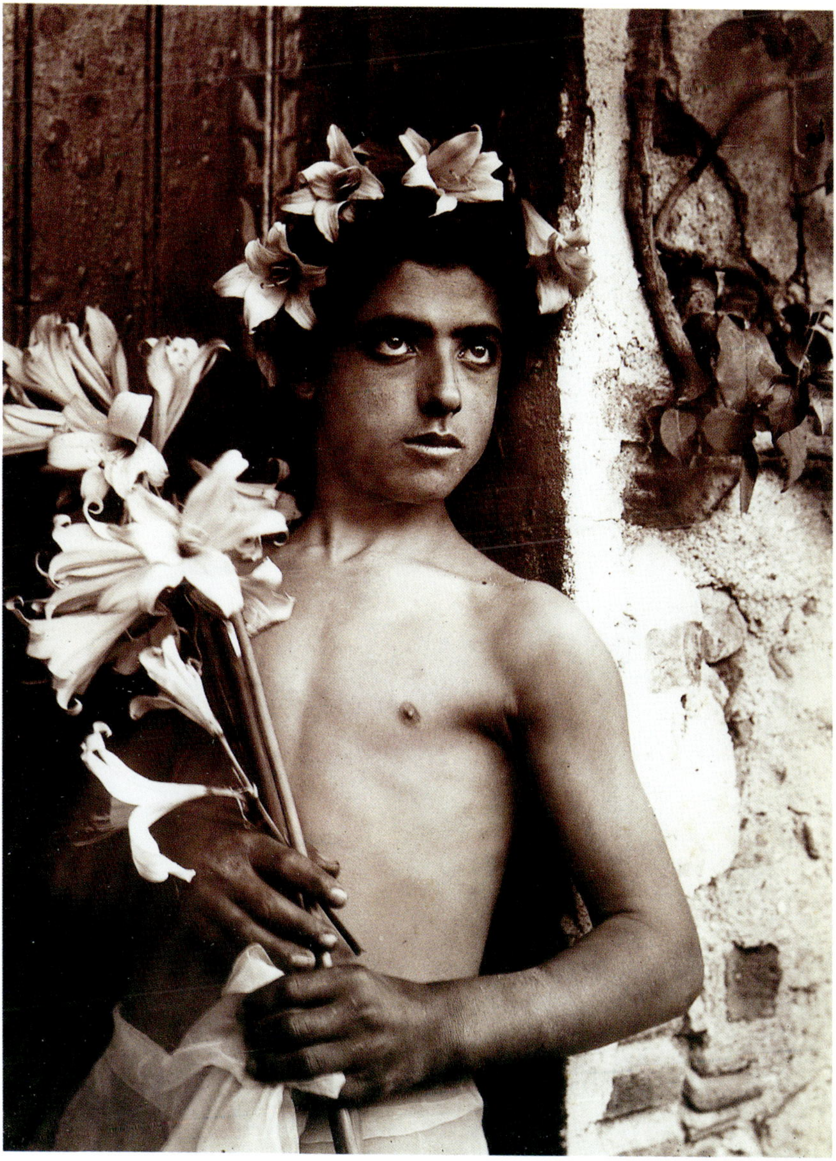

Giovane siciliano con gigli, 1890 ca.,
stampa originale all'albumina, cm. 22,4x16,8

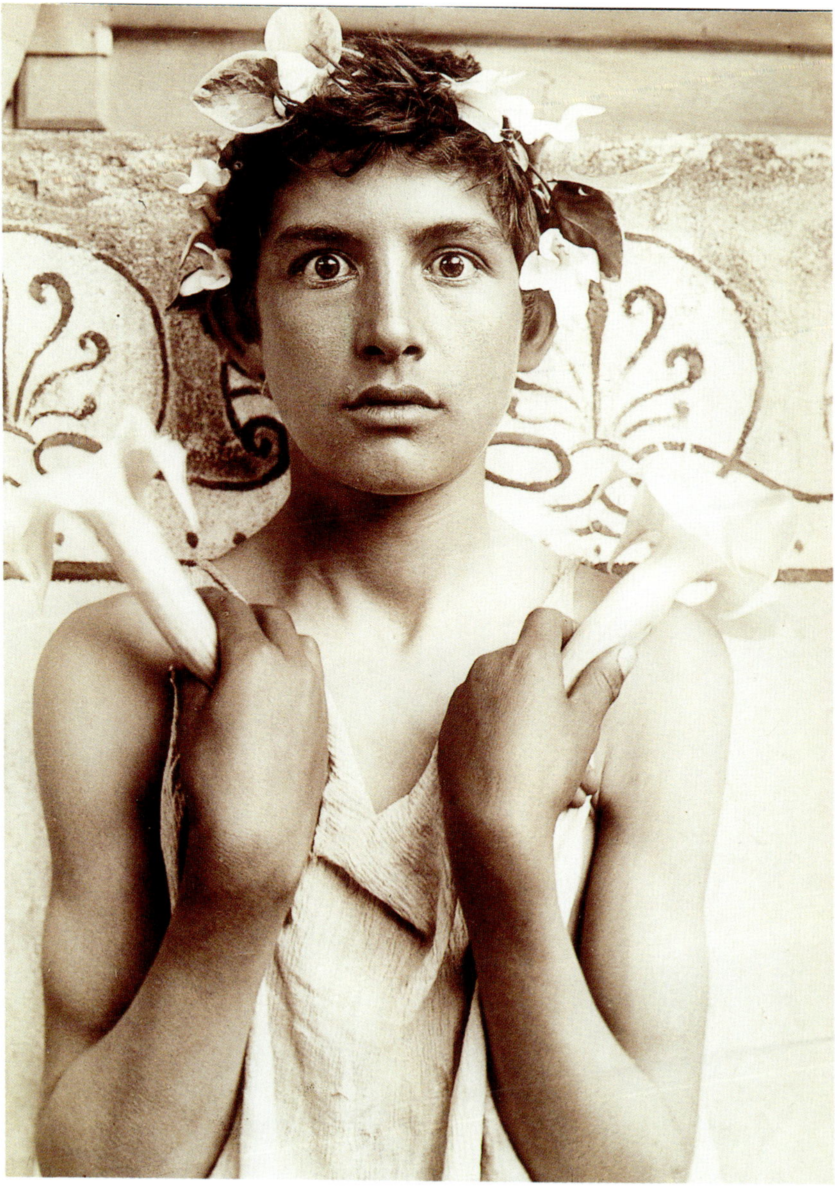

GIOVANE SICILIANO, 1890 ca., stampa originale all'albumina, cm. 22,3x16,3

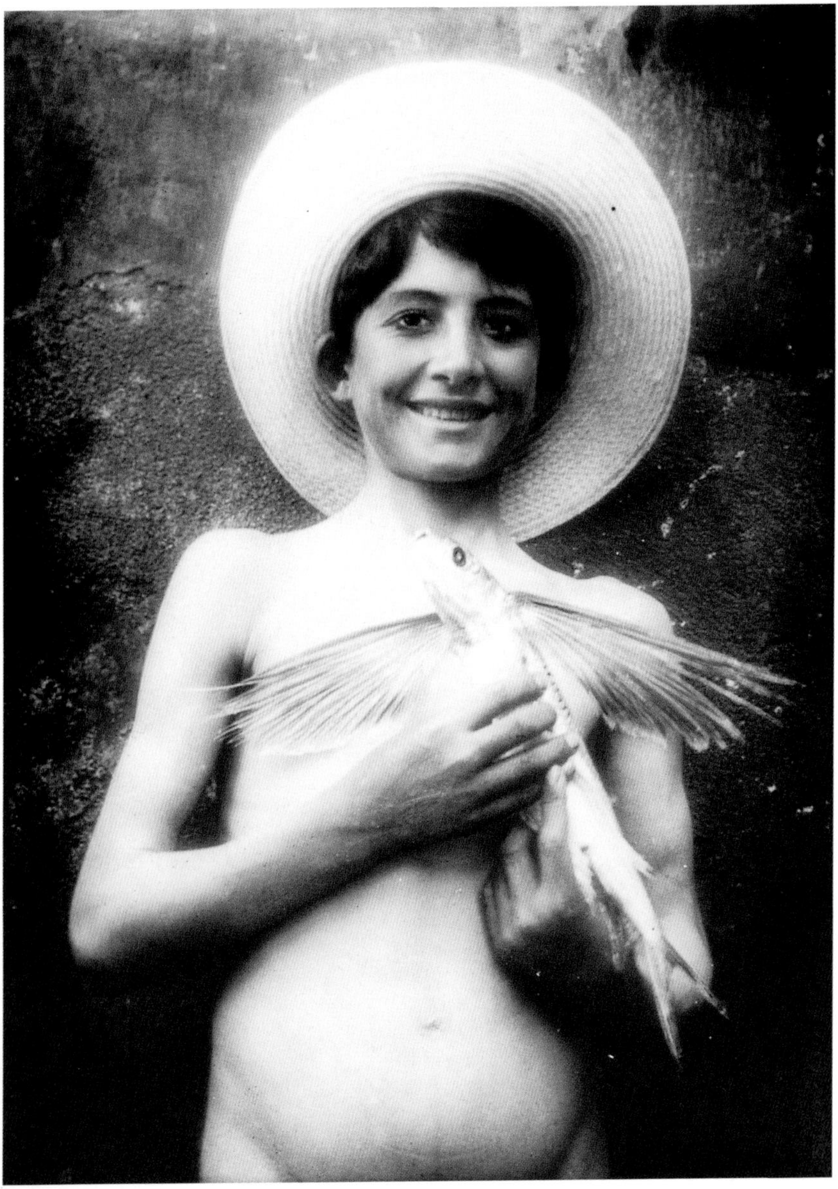

Giovane con pesce volante, 1895 ca.,
stampa moderna da lastra originale alla gelatina bromuro d'argento, cm. 30x40

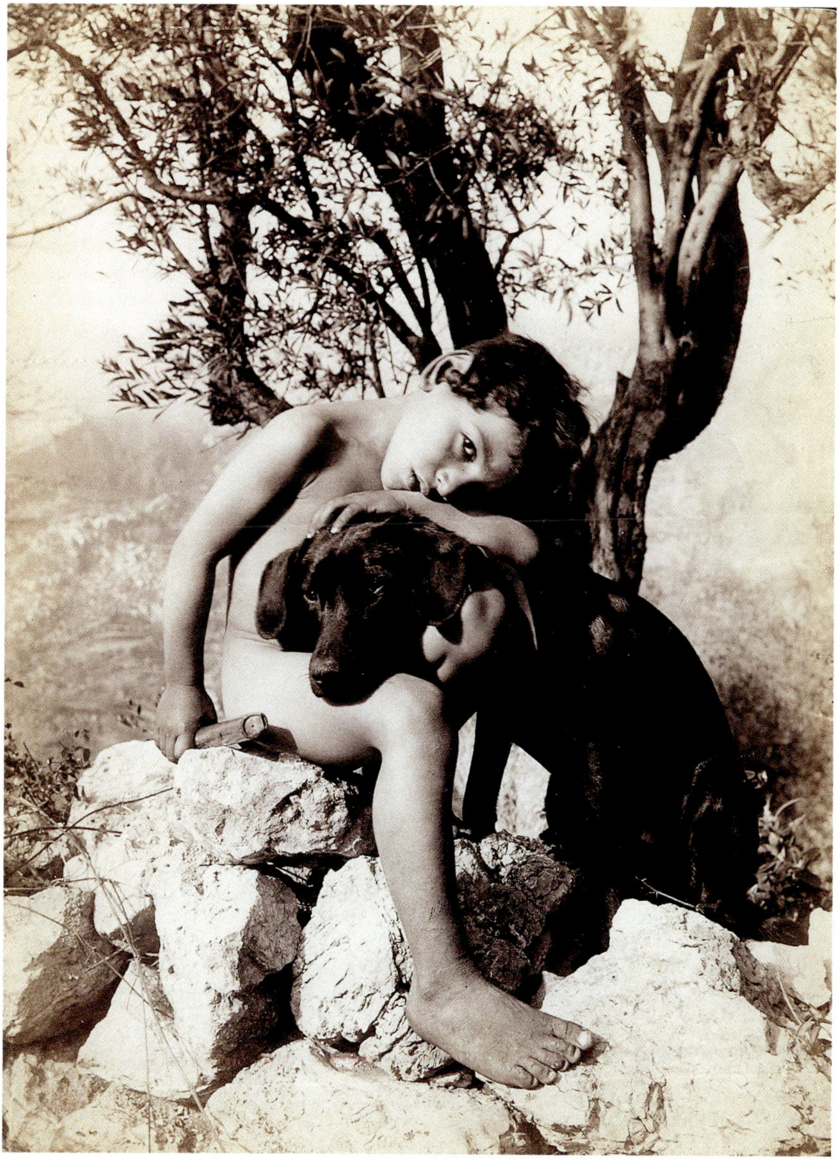

Bambino con cane, 1900 ca., stampa originale all'albumina, cm. 22,4x16,9

Antica scuola dei filosofi, 1890 ca., stampa originale all'albumina, cm. 22,5x16,9

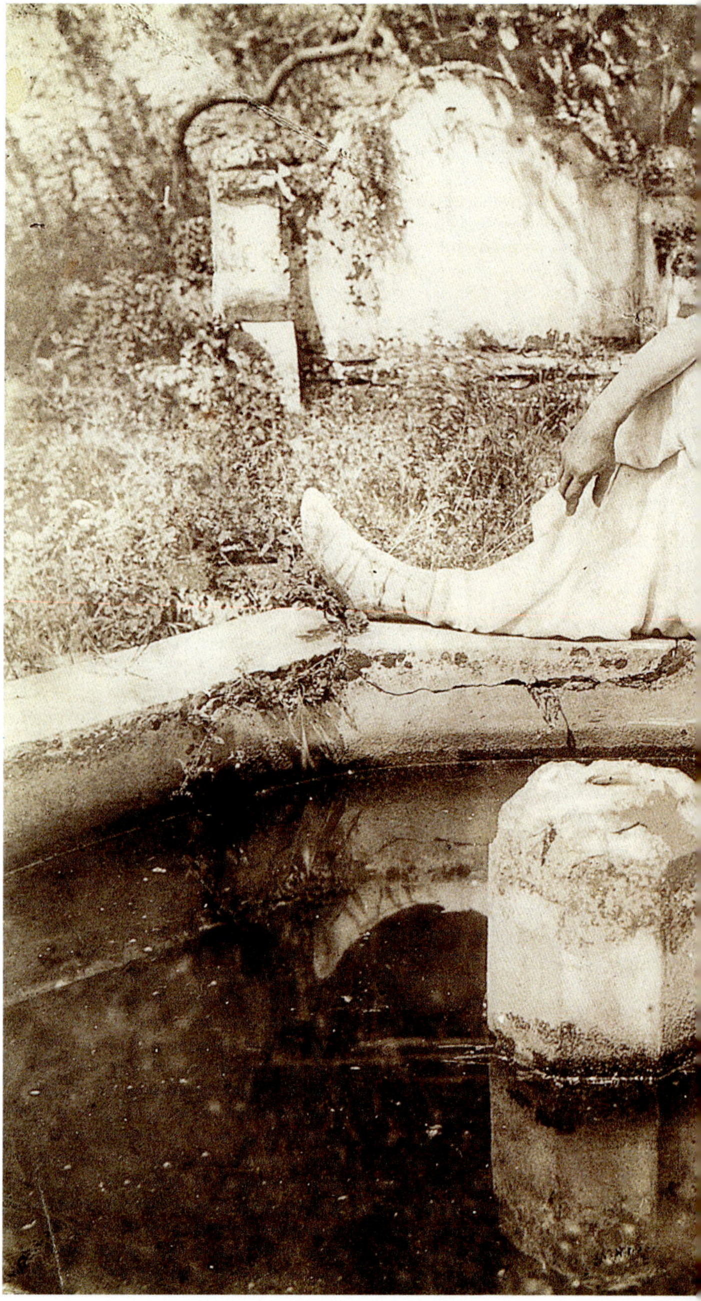

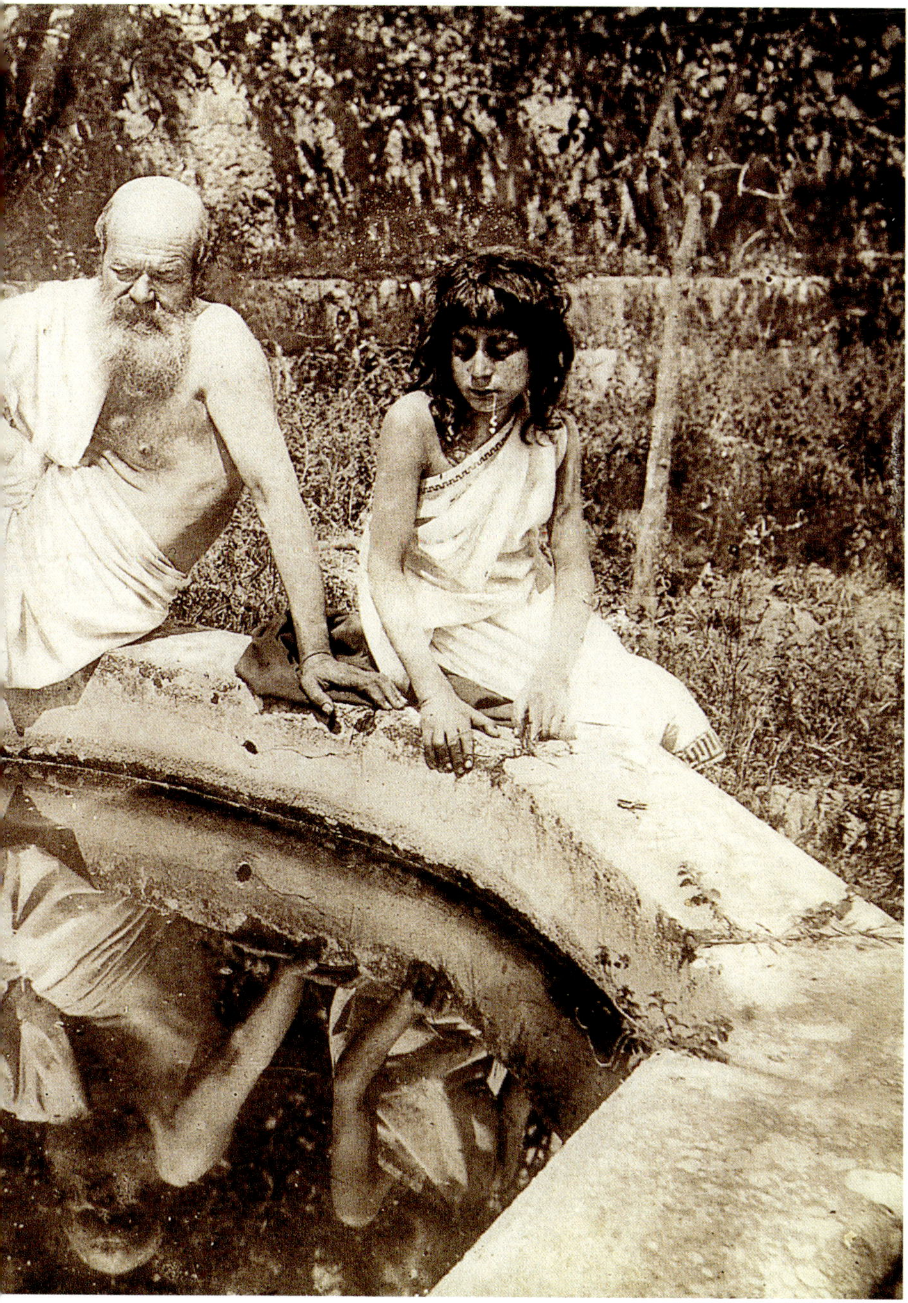

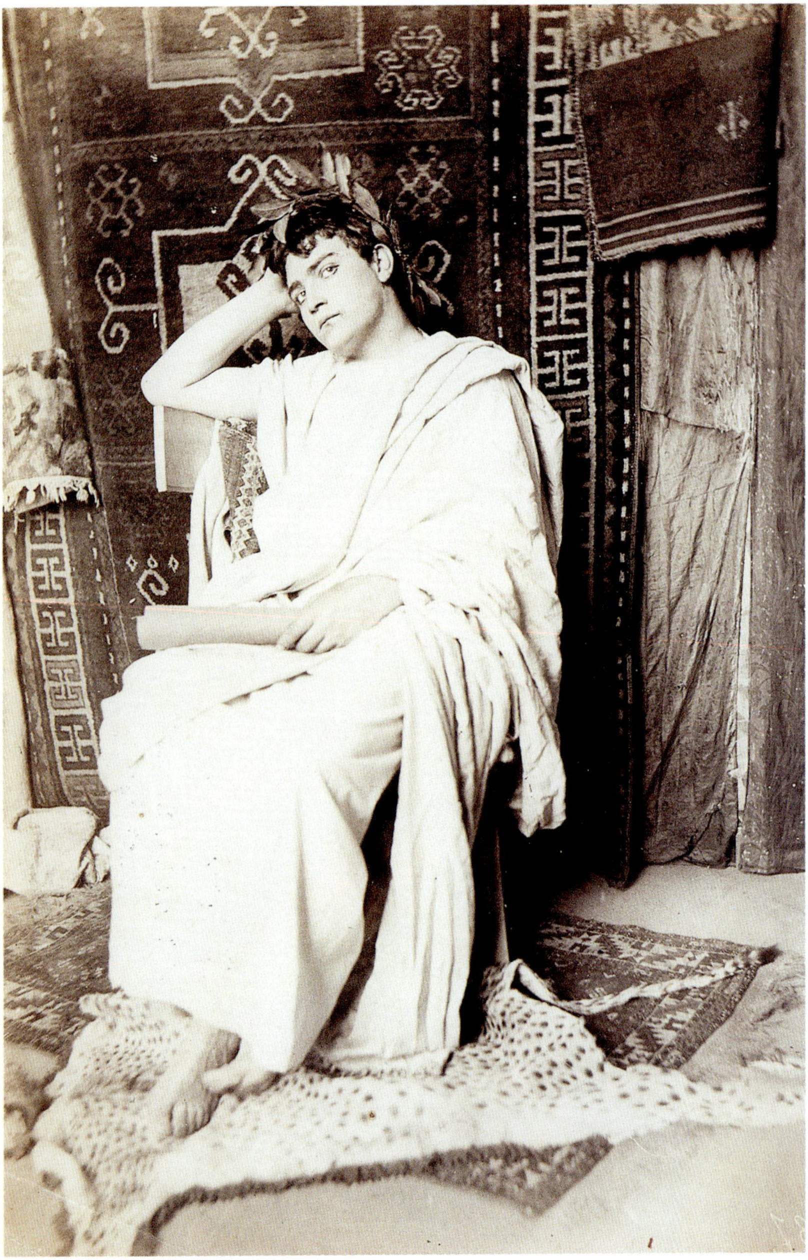

Nerone, 1890 ca., stampa originale all'albumina, cm. 17x11,9

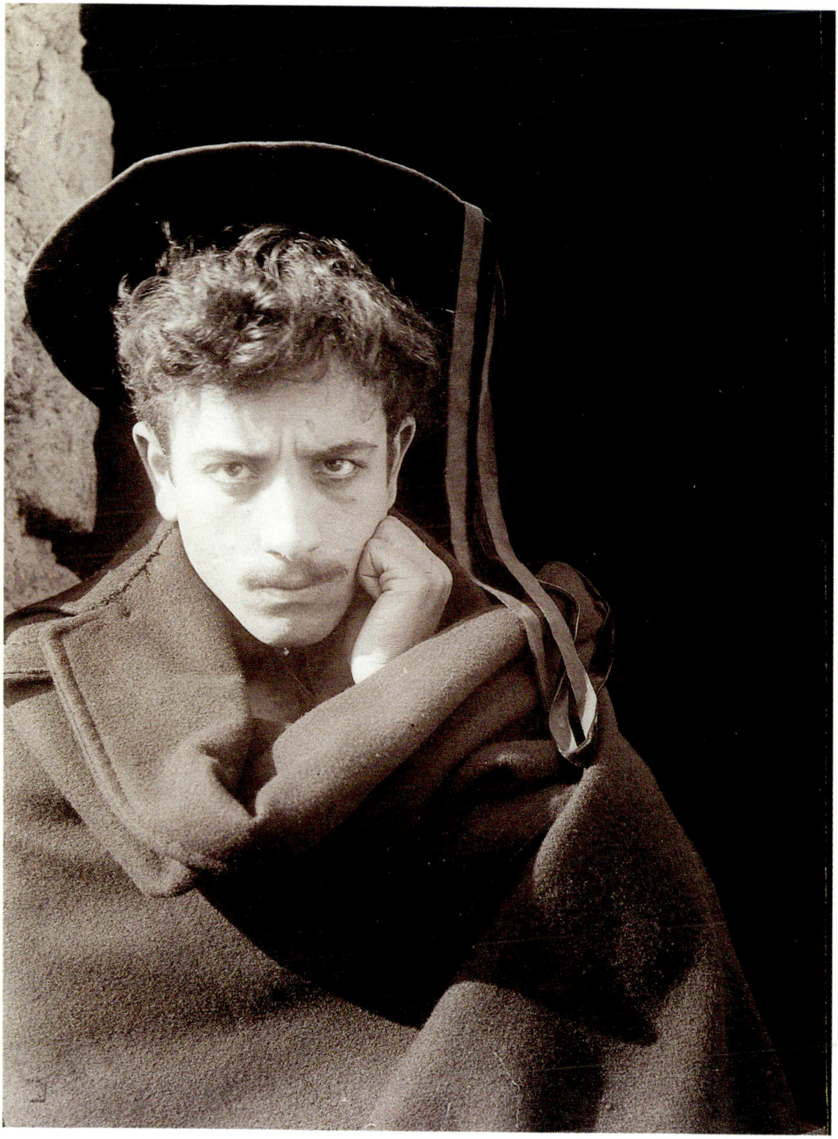

Ritratto di uomo con cappello, 1900 ca., stampa originale all'albumina, cm. 21,5x16,4

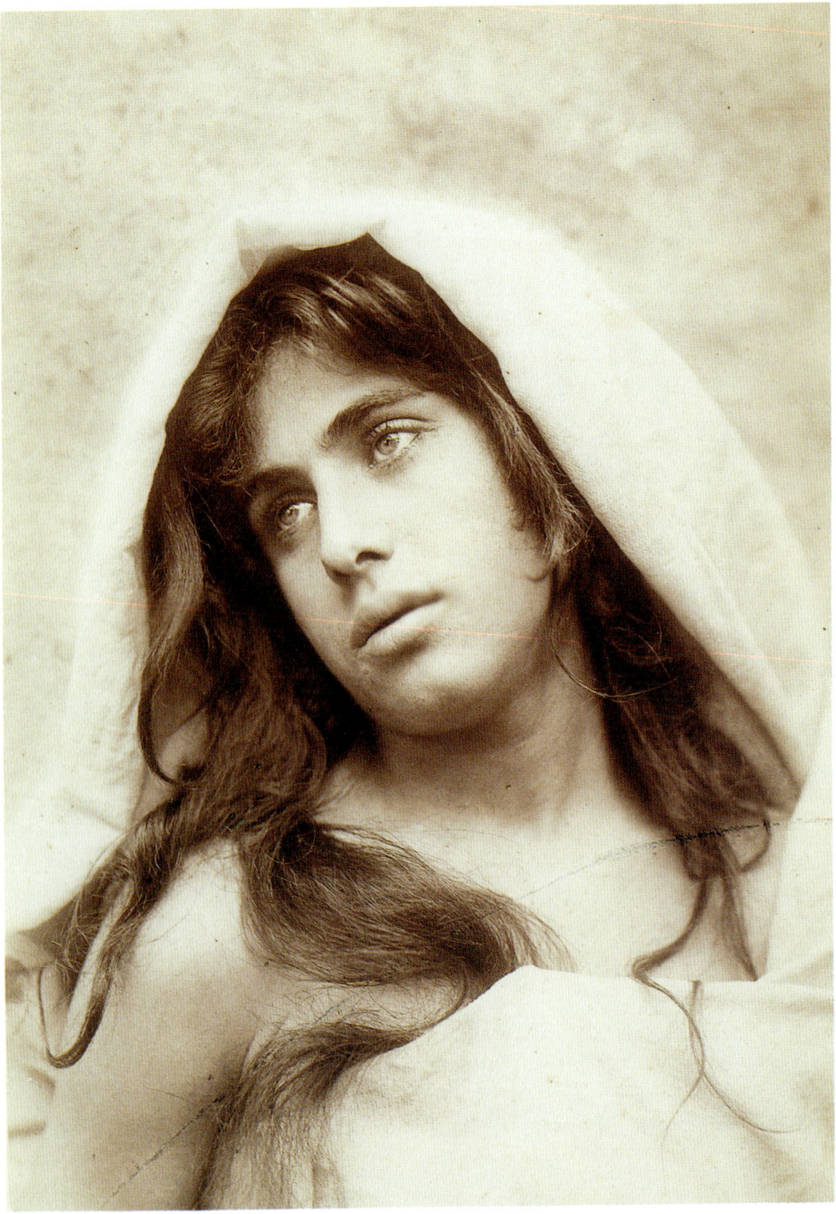

Giovane con velo, 1904, stampa originale su carta salata, cm. 36,5x26

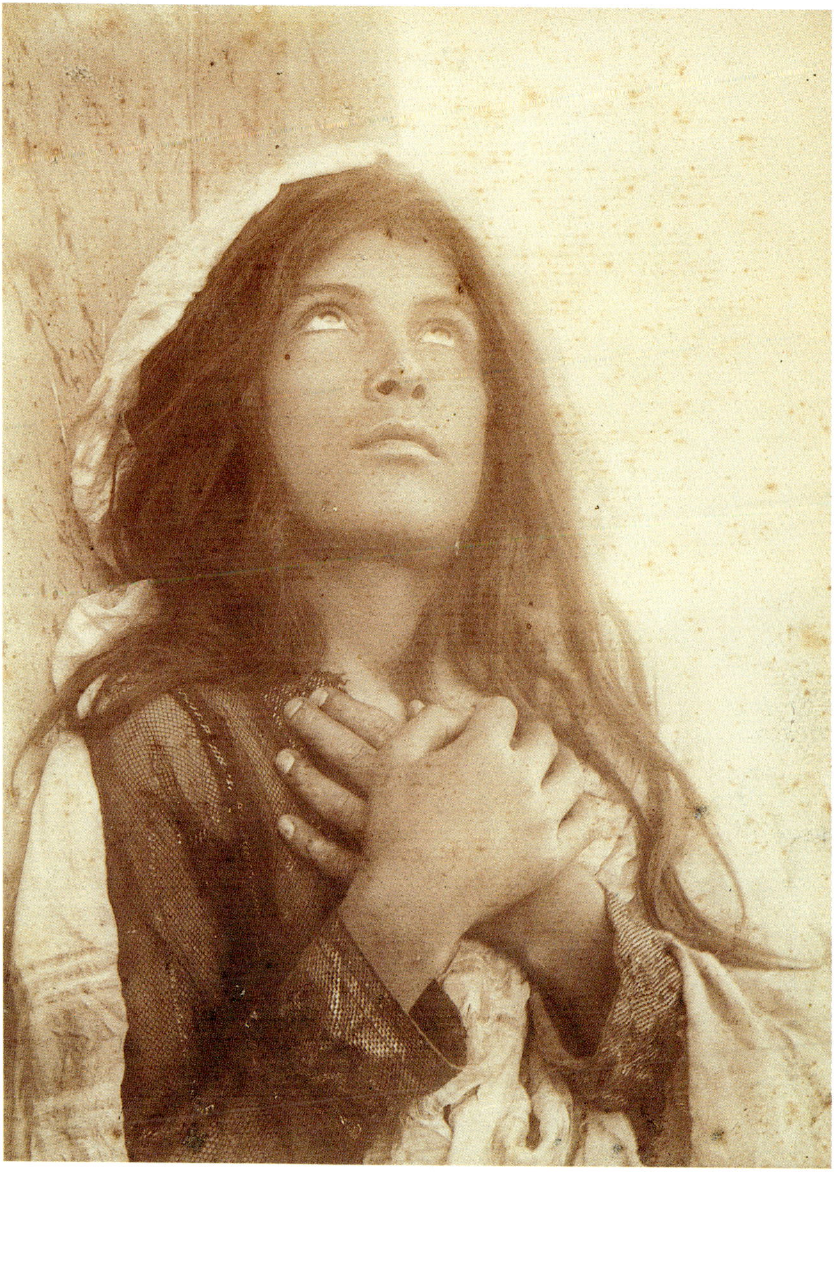

Giovane in preghiera, 1900 ca., stampa originale su carta salata, cm. 22,9x17,1

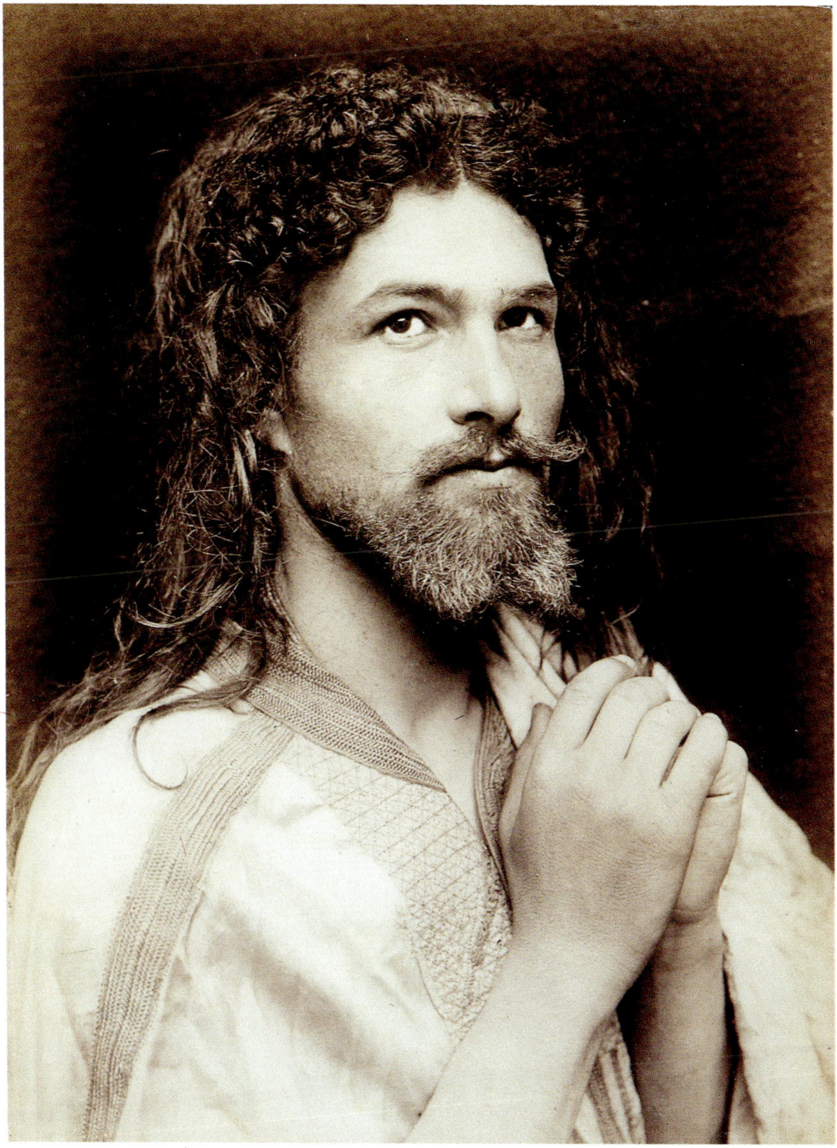

Autoritratto nelle vesti di Cristo, 1900 ca., stampa originale all'albumina, cm. 22,5x16,8

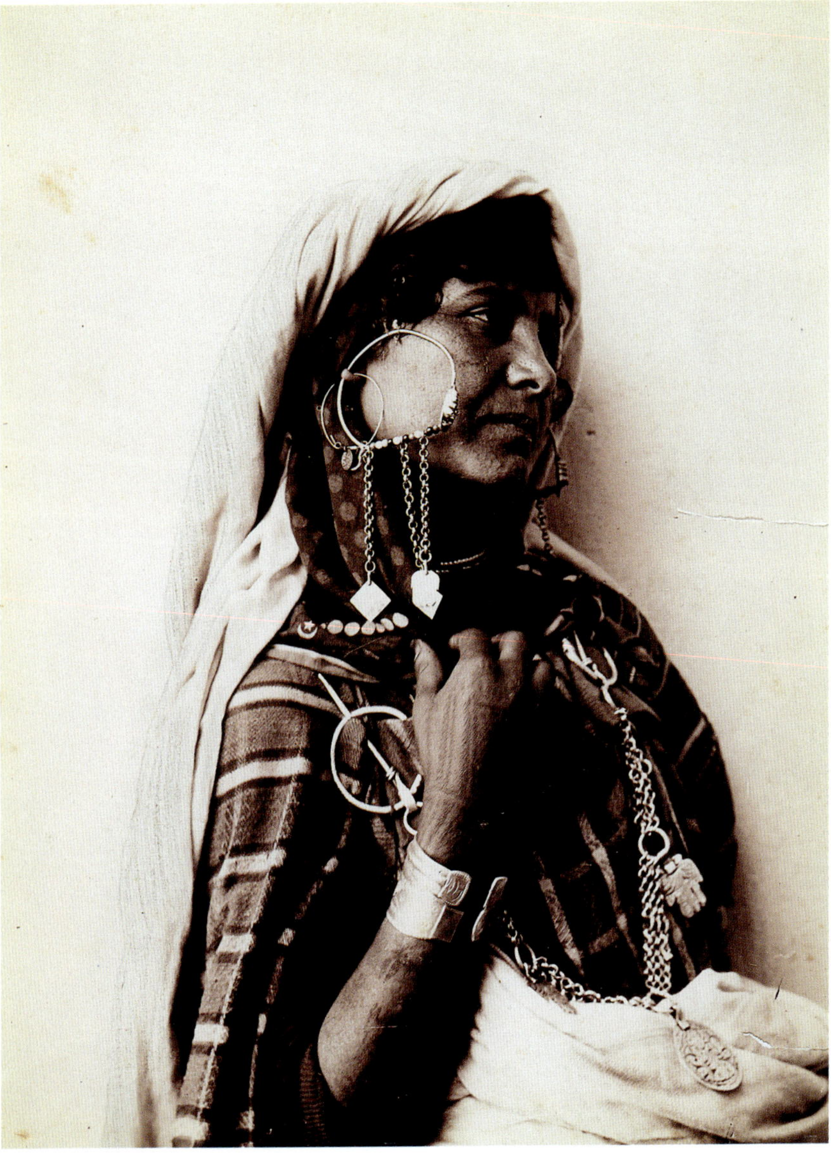

Ragazza berbera, 1890 ca., stampa originale all'albumina, cm. 22,5x16,8

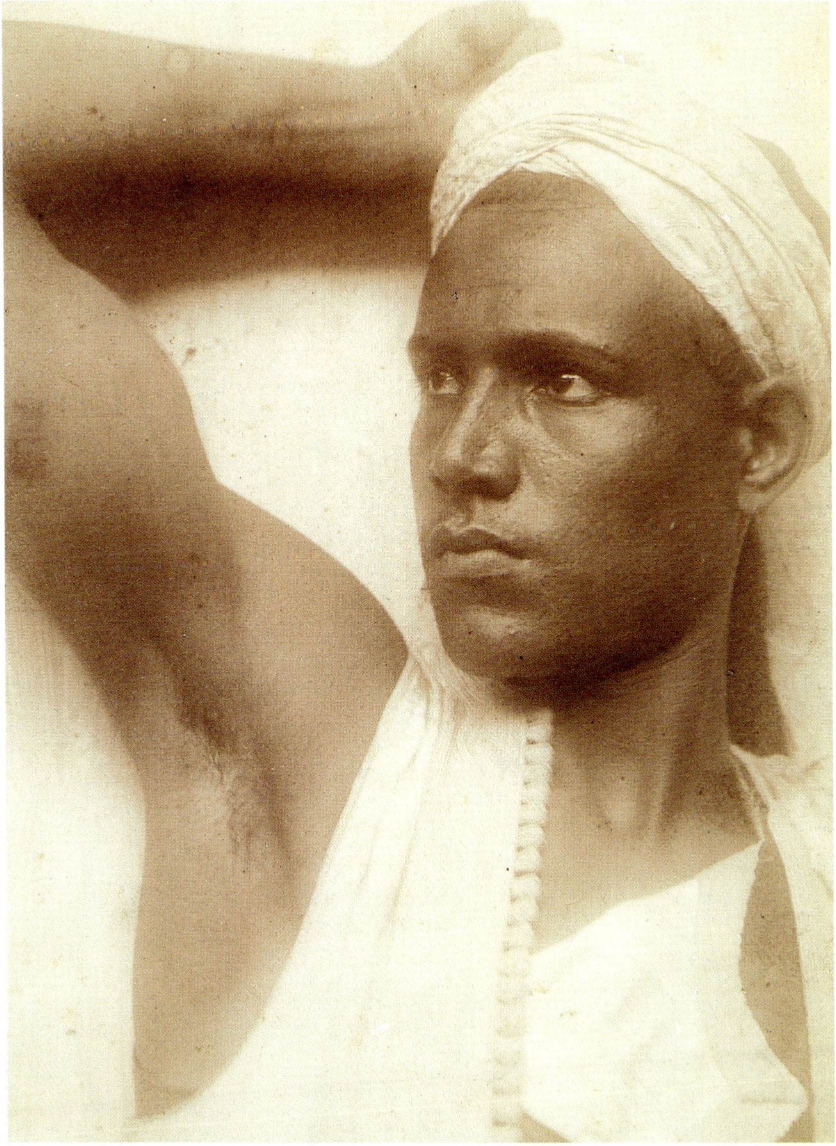

Arabo, 1890 ca., stampa originale su carta salata, cm. 21,6x16

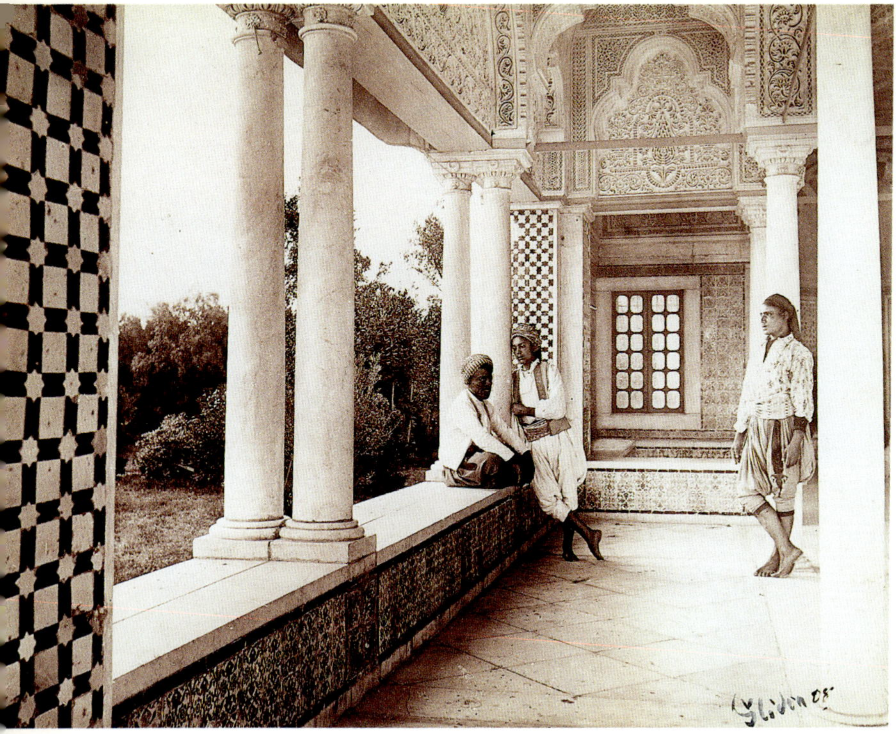

Padiglione arabo, Belvedere, Tunisi, 1890 ca., stampa originale all'albumina, cm. 16,3x22,2

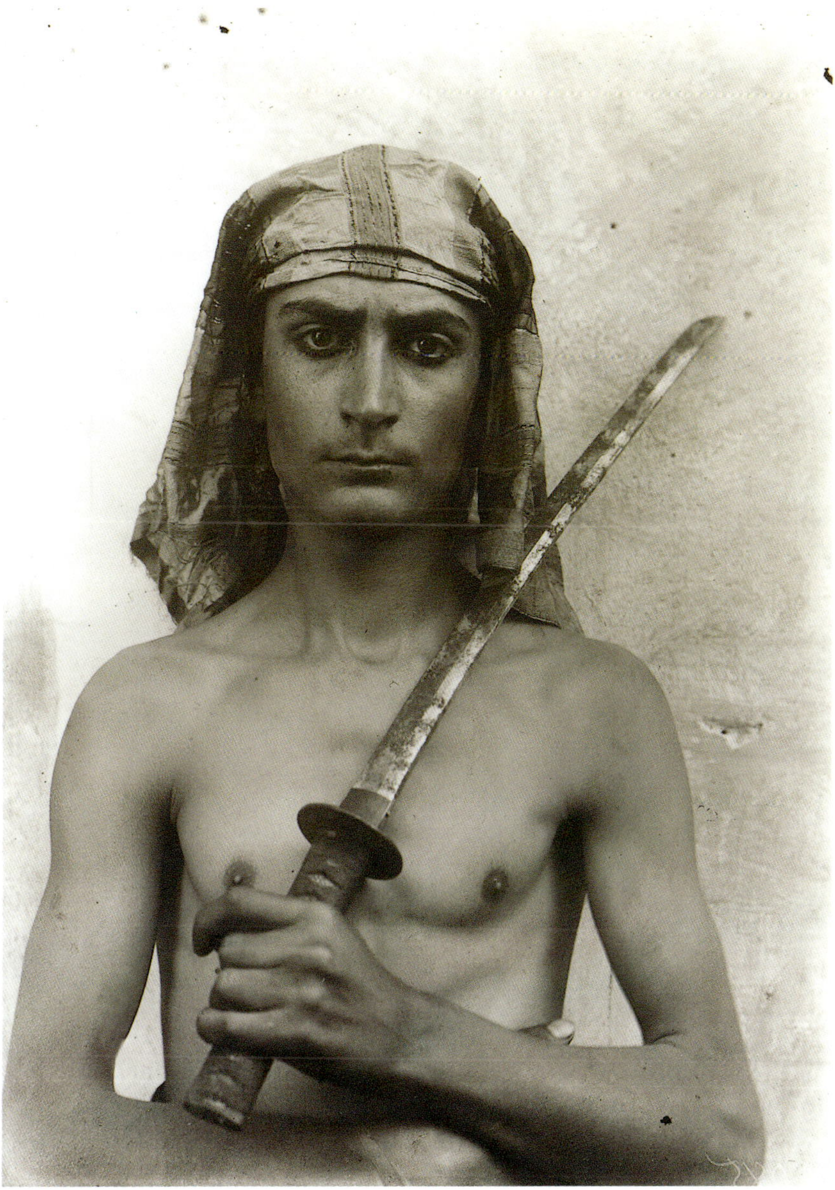

Giovane arabo, 1890 ca.,
stampa moderna da lastra originale alla gelatina bromuro d'argento, cm. 18x24

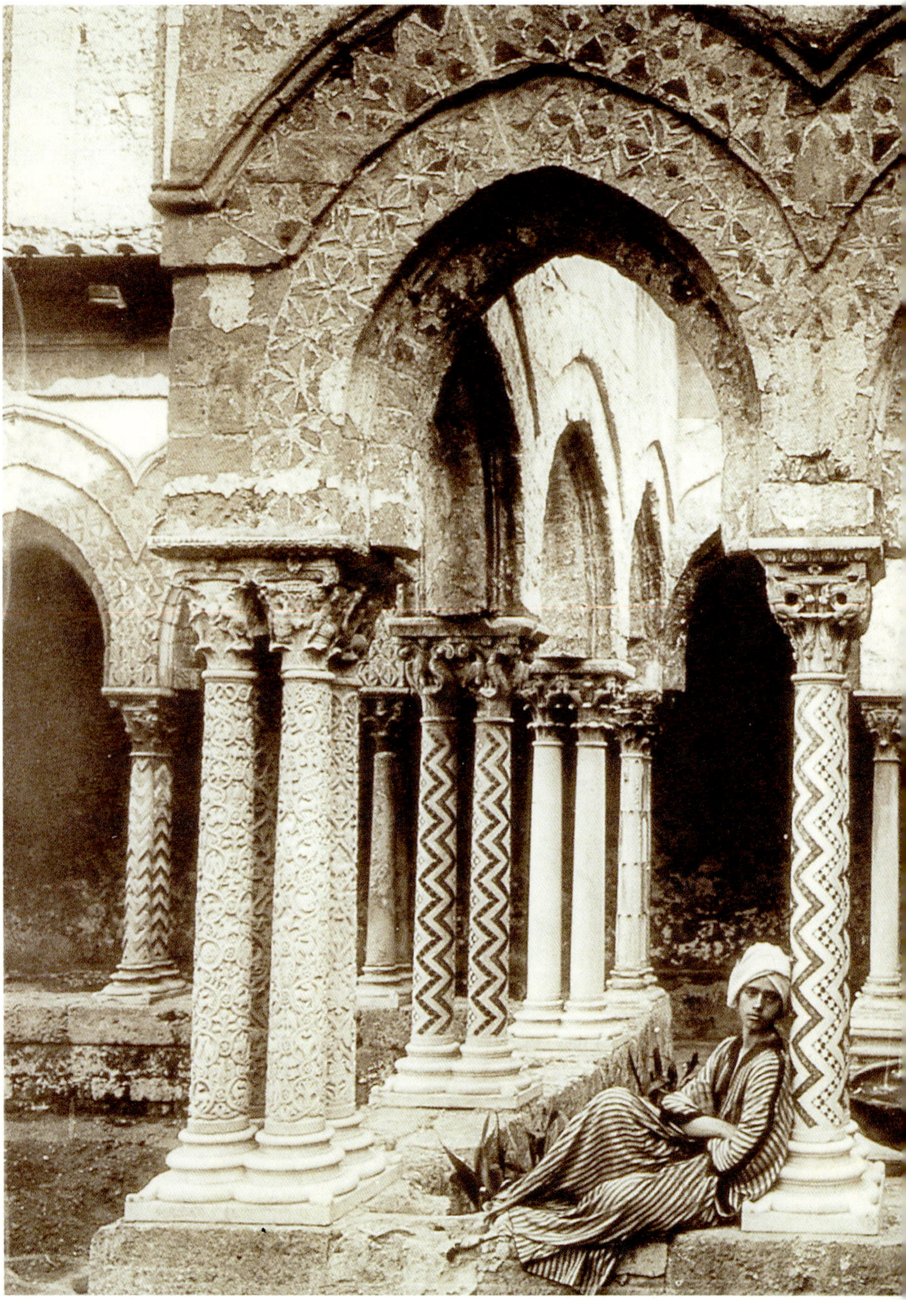

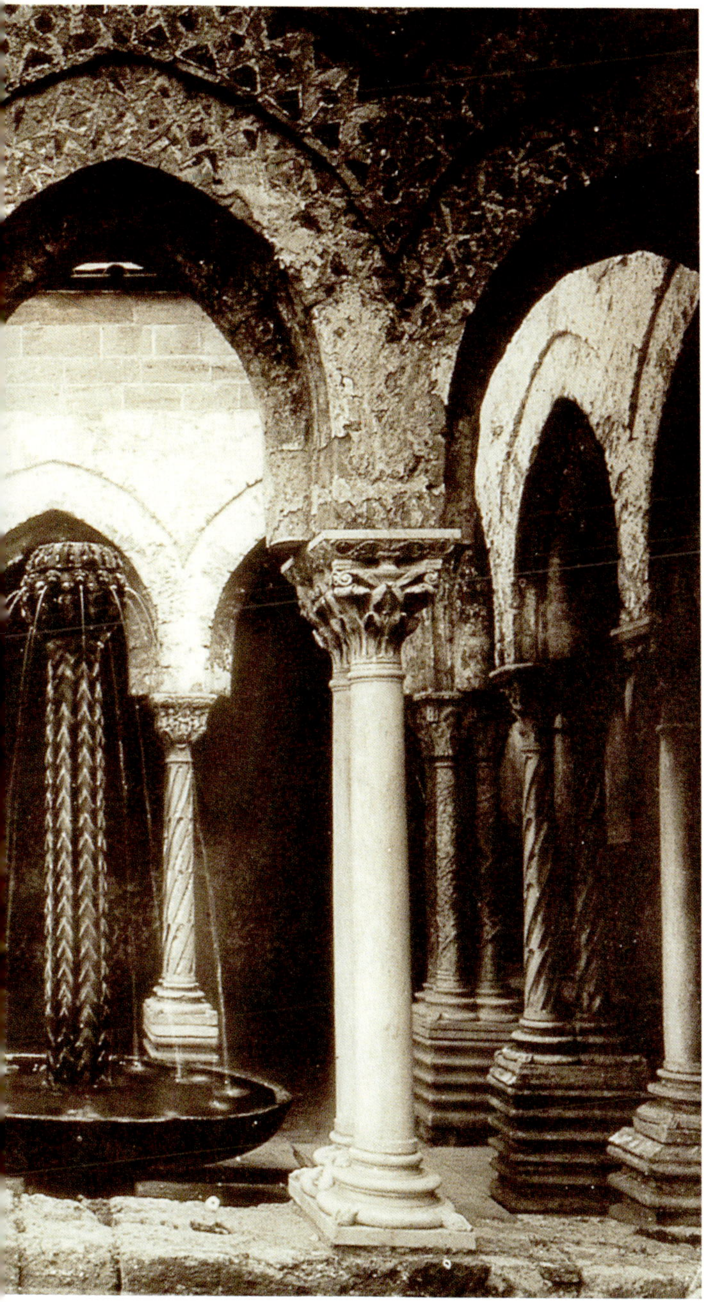

Chiostro di Monreale, 1890,
stampa moderna
da lastra originale
alla gelatina
bromuro d'argento,
cm. 30x40

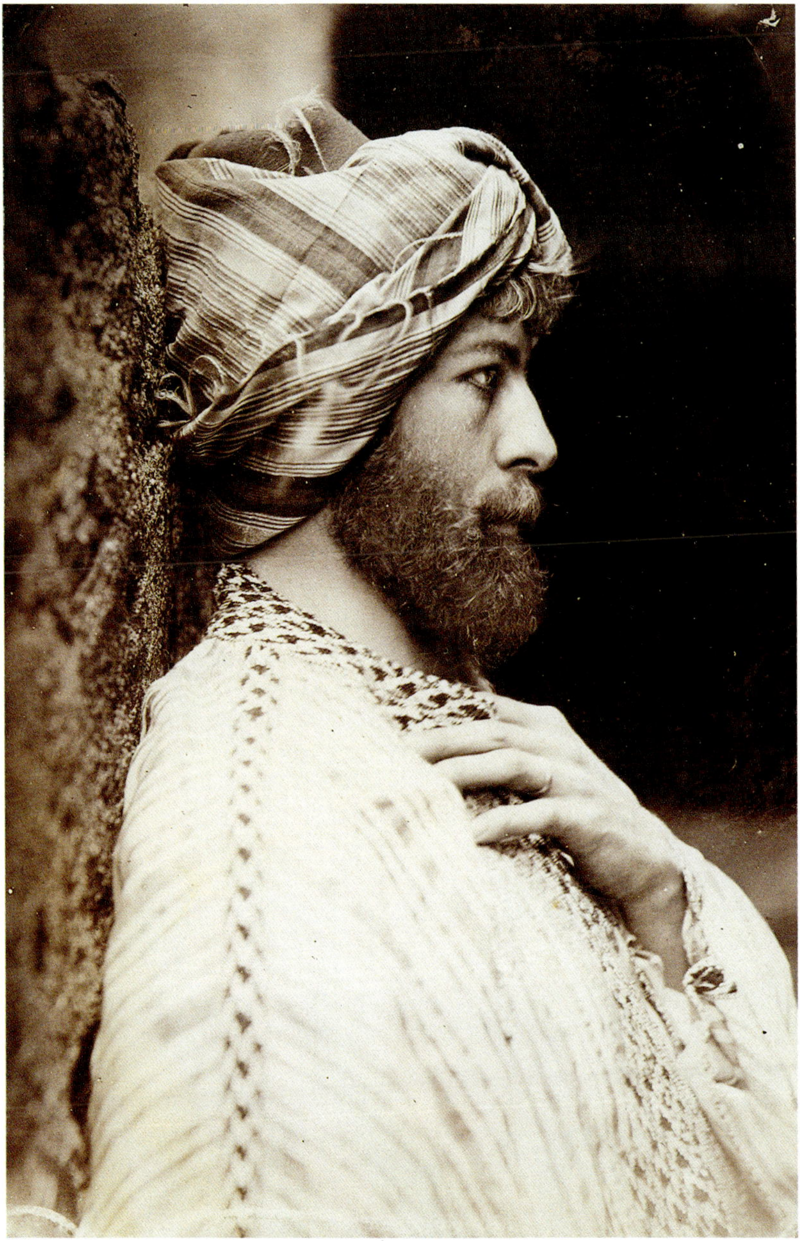

Autoritratto in costume orientale, 1900 ca.,
stampa originale all'albumina, cm. 16,5x11,6

Biografia

18.9.1856. Wilhelm von Gloeden nasce in Germania a Schloss Volkshagen, vicino a Wismar, dal barone Hermann von Gloeden e dalla baronessa Charlotte Maassen.

1876. Inizia gli studi di storia dell'arte a Rostock.

1877. Frequenta i corsi di pittura del professor Carl Gehrts all'Accademia di Weimar ma poco tempo dopo è costretto per motivi di salute a trasferirsi in un sanatorio sul mar Baltico. Accetta l'invito del pittore Ottone Geleng, da tempo trasferitosi in Sicilia, di visitare l'Italia e Taormina, durante la convalescenza.

1878. Dopo aver percorso l'Italia seguendo le tappe del tradizionale *Grand Tour*, si stabilisce a Taormina, prima in un villino vicino al teatro greco-romano, poi in piazza San Domenico, in una casa con giardino che diventerà anche il suo atelier fotografico. Si avvicina alla fotografia sotto la guida di Giuseppe Bruno e Giovanni Cupi.

1880. È ospite a Francavilla a Mare di Francesco Paolo Michetti, che apprezza il suo lavoro per le qualità artistiche, e nell'ambiente del pittore conosce Matilde Serao, Gabriele D'Annunzio, Costantino Barbella.

1893. Espone le sue fotografie a Londra presso il *Linked Ring* e la *Royal Photographic Society* dove ottiene la medaglia d'oro. Alcune sue fotografie iniziano ad essere riprodotte, nel 1893 da "The Studio" e da "Kunst für alle". Inizia a svolgere delle campagne fotografiche in Sicilia, Germania e Tunisia, che concluderà nel 1900.

1895. In seguito ad uno scandalo che coinvolse il patrigno, il barone di Hemmerstein, von Gloeden perde i sostegni finanziari, trovandosi costretto a trasformare la sua passione fotografica in vera e propria profesione. Il Granduca Friedrich III di Mecklenburg-Schwerin gli regala una macchina fotografica per lastre di grande formato (30x40 cm.) e lo sostiene nella sua nuova impresa.

1897. Wilhelm von Gloeden riceve nella sua casa la visita di Oscar Wilde, e successivamente altri importanti personaggi dell'alta società e cultura internazionale come il re del Siam, Edoardo d'Inghilterra, Augusto di Prussia, figlio del Kaiser, Eleonora Duse, e gli industriali Krupp, Rothschild, Morgam, Vanderbilt. Le sue foto sono inoltre utilizzate da artisti come Lawrence Alma Tadema, Frederich Leighton, Maxfield Parish. Alfred Stieglitz pubblica i nudi di von Gloeden in "Camera Notes".

1898. Wilhelm von Gloeden diventa corrispondente della *Freie Photographische Vereinigung* di Berlino e l'anno seguente, nella stessa città, espone le sue foto al Keller & Reiner Arte Salon.

1899. Partecipa all'Esposizione di Fotografia dell'Accademia Reale di Berlino.

1897-1906. Riceve diversi premi e riconoscimenti per il suo lavoro fotografico e in particolare all'Esposizione del Cairo (1897), al Photoclub di Budapest (1903), alla Société de Photographie di Marsiglia (1903), a Nizza e a Riga (1905) e infine, nel 1906, riceve la medaglia d'oro del Ministero della Pubblica Istruzione Italiana.

1908. Anatole France, diretto in Egitto, si ferma a Taormina per far visita a von Gloeden.
Partecipa alla realizzazione del volume *Messina e Reggio 28 XII 1908- 29 XII 1908*, pubblicato dalla Società Fotografica Italiana del 1909 per ricordare il disastro del terremoto.

1911. Partecipa all'Esposizione Universale di Roma.

1915-18. In quanto straniero lascia l'Italia durante gli anni del conflitto bellico. Al suo rientro a Taormina, nel 1918, riprende il suo lavoro e commercializza le immagini ristampandole dai negativi precedentemente eseguiti.

1930. Termina la sua attività fotografica. Vende la sua casa in piazza San Domenico per ricavarne una rendita annuale. Muore la sorellastra, Sofia Raab, che aveva raggiunto von Gloeden a Taormina fin dal 1895.

16. 2. 1931. Wilhelm von Gloeden muore e viene sepolto nel cimitero protestante di Taormina. La baronessa Frida von Hammerstein, sua sorellastra ed unica erede, cede tutti i diritti di proprietà e di utilizzo delle immagini di von Gloeden al suo assistente Pancrazio Bucini, detto il Moro.

1933. Bucini subisce il parziale sequestro dei materiali dell'archivio von Gloeden con l'accusa di detenzione e commercializzazione di soggetti pornografici.

1939-1941. Pancrazio Bucini subisce un processo presso il Tribunale di Messina, dal quale viene assolto, riconoscendo il valore artistico e non pornografico dell'opera di von Gloeden.

Finito di stampare nel mese di novembre 2000